网络化制造环境下产品质量预测与控制

董海 著

北京
冶金工业出版社
2018

内容简介

全书共分9章，主要内容包括产品加工过程关键质量特性控制及提取技术、产品加工过程关键质量特性预防控制方法、支持向量机理论及可行性分析、支持向量机模型核函数相关参数确定及仿真训练、非正态能力分析与过程控制的理论、非正态过程控制图理论、非正态过程能力评价模型、基于库奇尼检验理论与变点模型的NCCSPC图应用，NCCSPC图的性能仿真研究等。

本书可供从事网络化制造及质量控制技术研究开发的专业技术人员及企业管理人员阅读，也可供高等院校相关专业的师生参考。

图书在版编目(CIP)数据

网络化制造环境下产品质量预测与控制/董海著. —北京：冶金工业出版社，2018.7

ISBN 978-7-5024-7780-6

Ⅰ.①网… Ⅱ.①董… Ⅲ.①产品质量—质量控制—研究 Ⅳ.①F273.2

中国版本图书馆CIP数据核字（2018）第101311号

出 版 人　谭学余
地　　址　北京市东城区嵩祝院北巷39号　邮编　100009　电话　(010)64027926
网　　址　www.cnmip.com.cn　电子信箱　yjcbs@cnmip.com.cn
责任编辑　陈慰萍　贾怡雯　美术编辑　吕欣童　版式设计　禹　蕊
责任校对　卿文春　责任印制　李玉山
ISBN 978-7-5024-7780-6
冶金工业出版社出版发行；各地新华书店经销；三河市双峰印刷装订有限公司印刷
2018年7月第1版，2018年7月第1次印刷
169mm×239mm；10印张；193千字；147页
44.00元

冶金工业出版社　投稿电话　(010)64027932　投稿信箱　tougao@cnmip.com.cn
冶金工业出版社营销中心　电话　(010)64044283　传真　(010)64027893
冶金书店　地址　北京市东四西大街46号(100010)　电话　(010)65289081(兼传真)
冶金工业出版社天猫旗舰店　yjgycbs.tmall.com

前　言

网络化制造环境下产品质量预测与控制技术的研究是网络化制造及质量控制技术研究领域中的一项重要课题。本书在相关项目基金的资助下，应用系统工程、控制理论、计算机仿真技术和智能算法等知识，系统研究了产品质量预测与控制技术。本书主要从以下几个方面进行研究。

(1) 网络化制造产品加工过程关键质量特性控制及提取技术。本章中主要介绍网络化制造的基本概念，产品加工过程质量特性，产品关键质量特性及其分级，分析了关键设计质量特性对最终产品质量的影响。建立产品关键加工质量特性的提取模型，并针对关键加工质量特性提取的复杂性，提出基于几何平均法综合 AHP 和熵权法优化提取的方法。

(2) 产品加工过程关键质量特性预防控制方法。本章首先介绍企业现行质量预防控制技术 FMEA 及其实施的步骤以及实施的方法，针对其实施过程对各个方面存在的缺陷进行总结；其次利用 FTA 寻找引起关键质量特性问题的因素；最后根据 FTA 分析出的质量特性影响因素，建立关键质量特性影响因素评估模型。

(3) 支持向量机理论及可行性分析。本章介绍学习机的基本概念及其相关理论，并针对多品种、小批量生产的特点提出基于支持向量机方法的预测模型，分析支持向量机方法对质量预测的可行性，为对多品种、小批量的产品的质量进行预测提供理论依据。

(4) 支持向量机模型核函数相关参数确定及仿真训练。本章首先对 Mercer 定理进行阐述；其次从满足 Mercer 定理的函数中选取最常用的三种核函数，作为实验拟合函数。然后对基于支持向量机预测模型参数进行选取，把最优参数与最优的核函数结合，构建出基于支持向量机多品种、小批量产品的质量预测模型。最后，将采集到的案例数据作为样本，运用传统的多元线性回归法和人工神经网络法进行预测分析。

(5) 非正态能力分析与过程控制的理论。本章首先介绍常规的控制图及过程能力的理论及其分类，然后对电子元器件制造过程中出现的非正态工艺参数进行阐述，重点研究建立非正态的过程控制图与过程能力计算方法以及所应用的原理。

(6) 非正态过程控制图理论。本章首先对所构建的偏度校正 (SC) 控制图以及比例加权方差 (SWV) 控制图做出应用分析，并通过 Minitab 进行模拟数据分析；其次进行三种非正态分布下的控制图与常规的休哈特控制图四种控制图的应用型比较研究，给出偏度校正控制图、比例加权方差控制图发生虚假报警的概率水平。

(7) 非正态过程能力评价模型。本章首先介绍过程能力指数与不合格品率之间的关系，并将等效过程能力指数引入，分析适用性；其次介绍 Box-Cox、Johnson、C_S 过程能力分析评价模型，结合蒙特卡洛模拟法的基本理论与优点，最后在蒙特卡洛模拟下，运用箱线图对各种非正态过程能力评价方法进行比较。

(8) 基于库奇尼检验理论与变点模型的非参数统计质量控制。以库奇尼检验理论为基础，将库奇尼检验法和变点模型相结合，提出了基于库奇尼检验的非参数统计质量控制 (NCCSPC) 图。采用蒙特卡洛模拟法对 NCCSPC 图的控制限进行估计以及建立控制限简表。并运用一元非线性拟合法对 SPC 图内的离散点子进行拟合，求解得出近似的控制限函数，并绘制出控制限拟合图。

(9) 非参数统计质量控制 (NCCSPC) 图的性能仿真研究。利用蒙特卡洛模拟进行实验，针对参数分布、学生 t 分布、卡方分布三种分布，研究 NCCSPC 图的检出能力，运用突变点模型估计过程异常的起始点，并对异常类型进行理论研究与实验分析。通过实践验证 NCCSPC 图针对过程异常的检出效果。

本书在编写过程中参考和借鉴了一些国内外的相关资料，在引用中对其做了一定的修改，在此谨向有关作者表示深深的谢意！本书得到辽宁省自然科学基金（201602514）。辽宁省高等学校创新人才支持计划项目资助，感谢沈阳工业制造系统工程重点实验室全体师生对本书出版的大力支持，特别要感谢沈阳工业大学机械工程学院董一萱参与本书第 1 章、第 3 章编写，沈阳大学国际学院王奕棋参与本书第 2 章、第 4 章的编写，感谢沈阳大学机械工程学院研究生戴瑶、徐晓鹏、徐德珉、任鹤、杨征、于时淞等同学为本书出版提供大量的参考资料和学术文献。

由于网络化制造环境下质量预测与控制技术涉及面较广，还有许多内容尚需深入细致的研究，加之作者水平有限，书中不妥之处，敬请读者给予批评指正。

作 者

2018 年 1 月于沈阳

目　　录

1 网络化制造环境下产品加工过程关键质量特性控制及提取技术

1.1 网络化制造的基本概念

网络技术的迅速发展，使得企业开发、制造产品及与顾客交互的方式都发生了很大的变化，并加快了技术转移、社会和经济发展的速度，触发了更趋激烈和复杂的全球化竞争。国内外许多专家、学者、企业人员已经在网络化制造方面展开了大量的研究和应用实践，取得了丰硕的成果[1~11]。网络化制造至今没有一个严格、统一的定义，不同的专家学者对网络化制造的定义均不相同。

科技部[12]认为网络化制造是按照敏捷制造的思想，采用互联网技术，建立灵活有效、互惠互利的动态企业联盟，有效地实现研究、设计、生产和销售各种资源的重组，从而提高企业的市场快速反应和竞争能力的新模式。

文献［13］认为网络化制造是企业为应对知识经济和制造全球化的挑战而实施的以快速响应市场需求和提高企业（企业群体）竞争力为主要目标的一种先进制造模式。通过采用先进的网络技术、制造技术及其他相关技术，构建面向企业特定需求的基于网络的制造系统，并在系统的支持下，突破空间地域对企业生产经营范围和方式的约束，开展覆盖产品整个生命周期全部或部分环节的企业业务活动，如产品设计、制造、销售、采购和管理等，实现企业间的协同和各种社会资源的共享与集成，高速度、高质量、低成本地为市场提供所需的产品和服务。

文献［14］强调了网络化制造的动态联盟组织形式，认为网络化制造是指利用计算机网络，灵活而快速地组织社会资源，将分散在各地的生产设备资源、智力资源和技术资源等，按资源优势互补的原则，快速地整合成一种跨地域的、靠网络联系和统一指挥的制造、运营实体——网络联盟，以实现网络化制造。

文献［15］定义网络化制造为制造企业利用网络技术开展产品设计、制造、销售、采购和管理等一系列活动的总称。其核心是利用网络，特别是互联网，跨越不同企业之间存在的空间差距，通过企业之间的信息集成、业务过程集成、资源共享等，开展异地协同的设计制造、网上营销、供应链管理等，对企业提供技术支撑环境和手段，实现产品商务的协同、产品设计的协同、产品制造的协同和供应链的协同，以缩短产品研制周期和研制费用，提高整个产业链和制造群体的竞争力。

文献［16］认为企业为了及时了解各地分公司的生产经营状况，同一企业不同部门、不同地区的员工之间也需要及时共享大量企业信息，企业和用户之间以及企业与其合作伙伴之间也存在着大量的信息交流。这就需要通过计算机网络的协调和操作，把分布在世界各地的制造工厂和销售点连接成一个整体，以加快产品开发，提高产品质量和企业对市场的响应能力。

通过对现有文献的分析，本书认为制造业利用网络技术开展的产品开发、制造、销售、采购和管理等一系列活动称为网络化制造（networked manufacturing）。在制造过程中，通过网络信息技术的支持以及管理技术的保障，对涉及产品全生命周期中的运作活动进行统一调度规划，协同不同企业间的优势资源，以高效率、低成本的方式快速满足市场需求的一种生产模式。

1.2　产品加工过程质量特性

1.2.1　质量特性

根据《质量管理体系　基础和术语》（GB/T 19000—2016）标准定义，质量是用户使用产品的满足度，产品本身就具有一定的属性和功能[17]。每种产品自身所具有的功能都必须要满足用户的需求。产品的质量特性是具有一定指标的，方便检测和评判产品的质量是否符合要求。由此可见，产品的重要性直接决定产品能否得到用户的欢迎。

质量特性是产品本身具备的属性。产品的质量特性影响产品的耐用性能、可靠性能以及产品的环保性能等，因此对于产品质量特性的良好管控也是非常之重要的。产品质量特性包括如下几个方面：

（1）性能。产品性能的好坏和舒适程度都会影响消费者使用，产品性能是设计者根据用户的需求赋予产品的，每种产品的存在都是为了满足客户的需求。

（2）可靠性。产品的可靠性是指按照正确的方式使用某种产品，并且该产品实现自身功能的能力。

（3）维护性。产品的维护性是指用合理的方式去修理有问题的产品，让产品回复到原来的状态。

（4）安全性。产品的安全性是指把一种产品可能伤害到人的危险系数降到最低。

（5）适应性。产品的适应性是指产品适应不断变化因素的能力，在庞大的消费市场内存在形形色色的产品，产品需要经受市场需求变化和同类产品冲击的考验，这就是产品适应性。

（6）经济性。产品的经济性指的就是制造某种产品是否成本低以及受市场欢迎，经济性好的产品性价比往往很高。

（7）时间性。产品的时间性是指为了满足客户对产品质量、成本以及交货期的要求，生产者能否在规定的时间内完成的能力。

（8）环保性。产品的环保性能好，则有利于环境；反之，则不利于环境保护。

质量管理控制具有的重要意义，有很多严重的后果都是因为对产品质量的疏忽，以致到了无法挽回的地步。例如，2015 年丰田汽车召回事件中，造成丰田汽车出现问题的原因无非是汽车零部件的质量特性没有控制好。要想设计出的产品符合要求就必须要合理设计产品并且赋予产品一定的功能，最重要的是管理中一定要把保证质量特性放在第一位。

1.2.2 产品关键质量特性

对于产品而言，关键质量（critical-to-quality，CTQ）特性是由客户的需求决定的。它是产品质量特性的核心。一位设计者往往是以质量特性为中心，逐步去补充和完善产品。当然，在企业中，也需要生产者不断地对产品进行生产控制。

虽然这么多年来，许多大学教授以及业界的专家都不能为质量特性规定出一个统一的定义，但是基本的意思大致是一样的。在对产品的质量进行管理和控制的时候，一定要虚心听取用户的意见，时刻牢记用户至上。制造需要成本，成本和制造之间要有一个平衡关系，如图 1-1 所示。

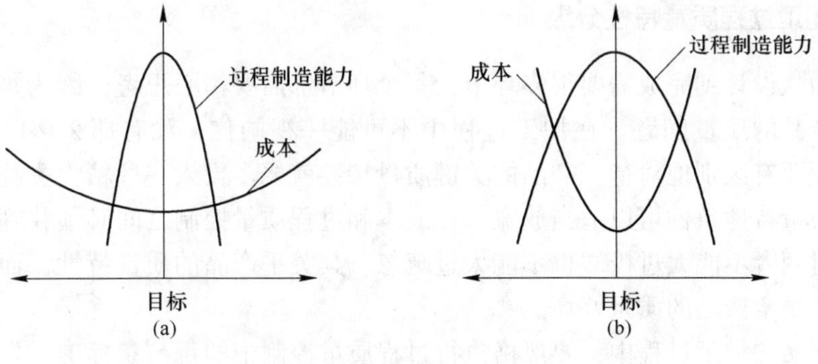

图 1-1 基于过程制造能力和成本的关键质量特性识别

（a）非 CTQ；（b）CTQ

图 1-1（a）中，当过程制造能力急剧下降时，成本因素会缓慢上升。当过程制造能力急剧上升的时，成本会缓慢下降，由此可见两者之间的关系。

图 1-1（b）中，当过程制造能力急剧下降时，成本相应的也急剧上升，当过程制造能力急剧上升时，成本也会急剧上升，由此可见两者之间的关联程度。

但是，从如上所示的曲线中可以看出，在使用分析法中的定性分析法对产品特性进行分析时，可以知道制造过程能力与成本之间的对应变化关系。由于其中有主观因素的存在，所以成本曲线必然存在不确定性。

通过上面的表述，可以知道质量就是产品的灵魂，质量特性是产品本身所具有的特性。一款合格的产品首先要有先进的设计理念，设计理念的先进性首先体现为满足用户的需求。其次体现为产品自身质量的可靠性要高，制造成本要低。考虑到成本，那就需要分级考虑产品的质量特性，不能一视同仁，否则制造成本太高。对于重要的质量特性来说，如果产品的的重要质量特性超出标准，是企业不想看到的。前面的成本与过程制造能力之间的关系也可以清晰地看到质量特性需要等级化对待。产品生产过程中有很多环节，无论哪一个环节出现问题，造成的影响都是不容忽视的。制造出来的产品不能一味地满足客户要求，必须要考虑制造上质量管控问题，因为产品设计下游还有很多环节，设计上实现的东西，也一定要方便下游环节进行质量特性管理。

就目前质量控制方面的研究现状来看，在企业资源有限的情况下，采取对产品的所有质量特性都进行重点控制来保证产品质量，不是一个可行的、长远的发展策略。所以需要对产品的关键质量特性进行提取，通过控制“关键的少数”来提高产品的最终质量，这是一个应该重点研究的方向。

通过上面的分析可以知道，质量对于产品是非常重要的。产品投产的过程中，有很多事关产品质量的特性，关注最重要的，忽略次要的，就可以得到关键质量特性，这个选择的过程就是对关键质量特性最好的诠释。

1.2.3 加工过程质量特性分级

产品从设计到完成需要很多环节，每个环节都需要精心思考，因为每个环节都关乎产品的质量问题。在加工过程中不可能一视同仁，没有那么多时间和成本，必须要有区别地对待，产品的关键质量特性就要多投入一些精力去控制，不重要的质量特性条件可以适当放宽。在成本和过程质量控制之间必须找到一个平衡点，对两者不能太过极端也不能太过疏忽，其关乎产品的质量特性，而质量特性恰恰又决定产品的质量好坏。

在产品的加工过程中，要严格执行过程质量控制中的每一条标准，保证产品质量。这种方法不仅能为企业节约成本，同时也能够让制造部门了解设计者的设计意图。要想让产品经受住市场变化的考验，必须持续不断地对产品的质量特性进行改变，改变产品的质量特性要优先改变主要质量特性而忽略次要的。

（1）等级。划分的等级要合理，不要过多也不要太少，一定要遵照容易区分的原则。通常划分 3~4 个为宜。等级化对待产品的质量特性是为了更高效地提高产品的质量特性。目前市场存在很多种类的产品，而每种产品又包含很多种质量特性，势必要等级化处理产品的质量特性。

（2）原则。产品加工过程中，产品的质量特性重要等级要遵照关键产品质量特性占少数的原则，重要的和一般的质量特性占多数。这种思想不仅有利于质量控制，同时也方便找出出现问题的质量特性。最常用的方法有20/80原则，它的思想就是通过抓住"关键的少数"来有效控制产品质量。

（3）界限。界限是质量特性的另一个重要因素。划分好质量特性的界限，有利于区别出质量特性的主次。关键质量特性所位于的范畴，需要设计者和制造者重点关注。重要质量特性所位于的范畴，需要设计者和制造者稍微关注一下。下面介绍如何划分产品质量特性的界限，具体见表1-1。

表1-1　产品加工过程质量特性分级

级　别	分级界限	处理程度
加工过程关键质量特性	在一定的制造资源条件下，适应设计质量特性非常困难，提高加工质量非常显著，需要重点关注的就是关键质量性；关键质量特性对加工系统稳定性要求极高，超差立即报废，返工或返修无法弥补；一般来说，加工非常困难，加工花费大量的人力与物力	关键控制
加工过程重要质量特性	在一定的制造资源条件下，适应设计质量特性困难，提高加工质量显著，需要关注的就是重要质量特性；重要质量特性对加工系统稳定性要求高，超差不会很快报废，返工或者返修可能得到弥补，加工困难；一般来说，加工花费不少的人力与物力	重点控制
加工过程一般质量特性	在一定的制造资源条件下，适应设计质量特性容易，提高加工质量不显著，关注程度低的就是一般质量特性；一般质量特性对加工系统稳定性要求低，有超差，返修能弥补；一般来说，加工比较容易，加工花费较少的人力与物力。	一般控制

1.3　质量特性的映射关系

产品质量特性（quality characteristics）反映出在合理使用产品的条件下，产品的耐用程度。在确定产品的质量特性时，首先要明确用户需求的质量特性，这样才能更好地去执行产品的质量特性设计，并通过工人组装产品的相关零部件，以此塑造产品的质量特性，最后送达用户体验。上述每个阶段都需要很好的质量特性的设计。具体如图1-2所示。

在用户普遍需求的阶段，可以通过市场调研的方法来搜集和记录人们对于产品提出的质量特性要求。产品的质量特性有很多，一定要重点关注关键产品质量特性。产品设计时要把这个因素作为核心，这样才能够完成质量特性设计。在设计阶段也要以用户的需求质量为导向完成产品的质量特性设计，并且需要确定产品制造的工艺以及参数。在制造阶段，必须要以先前工艺以及参数为依据，了解

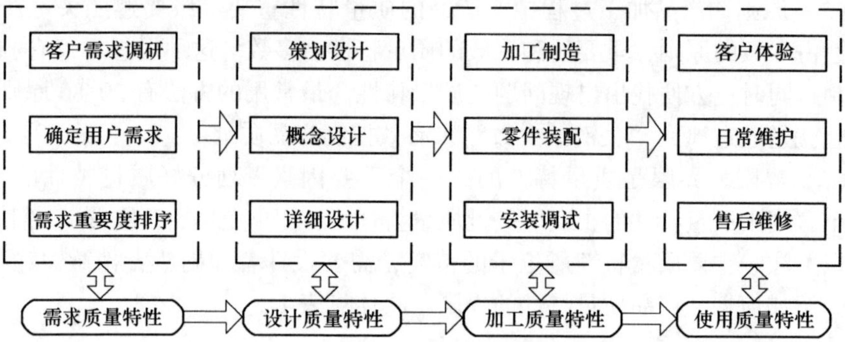

图 1-2　质量特性转换模型

工人生产和组装，实现设计质量需求。造成产品质量误差是不可避免的，主要误差来源于加工和组装，把它们控制在可控范围内即可。通过客户使用产品的反馈，然后持续对产品进行质量可靠性改善，做好质量改善的第一步。

用户需求差异性的不断变化会造成产品具有一定的生命周期。要想延长产品的生命周期，那么产品就需要不断地完善和改进，需要渗透到生产产品的每一个环节去记录、追踪进而改善产品的过程质量特性[18]。还有一点需要强调的是，要想快速减少改善时间，就需要迅速判断主要质量特性，然后对其进行改进。

众所周知，产品的生命周期是循环往复的，如图 1-3 所示。它开始于客户的需求也终止于客户的需求，这个过程不断的循环，产品的质量才能不断提高，适应客户的多样化要求。也就是说确定了用户的需求也就完成了产品设计循环链中的第一步。接下需要策划过程质量特性，策划的过程是全面考虑产品的各个质量特性，并且加以分级对待。有了策划的过程以后，就可以进行对概念过程质量特性的设计。产品可能具有很多功能，每个功能都需要有一个明确的概念，也就是概念阶段的设计，下一步就演变成了详细的产品质量特性设计。这一步很重要，直接决定后续产品加工和组装质量特性控制。到工厂进行加工的时候，工人根据设计师提供的产品加工技术要求进行产品加工过程质量控制。保证产品在加工阶段的质量特性都符合标准，为下一步提供强有力的铺垫。然后是组装阶段，组装分为很多环节要确保产品组装质量特性符合技术要求。最后就是实验产品的性能，如果上述阶段符合要求，就可以投放到市场上供用户使用。产品投放到市场并不是产品周期的结束，还需要搜集用户使用产品的信息来完善产品。

于是可以得到如下结论：

（1）一种合格的产品是在循环往复的周期内形成的，在这些环节中，每个环节都是相互关联和服务的关系。

（2）产品的设计过程分为很多阶段，看起来是相互独立的部分但仔细分析

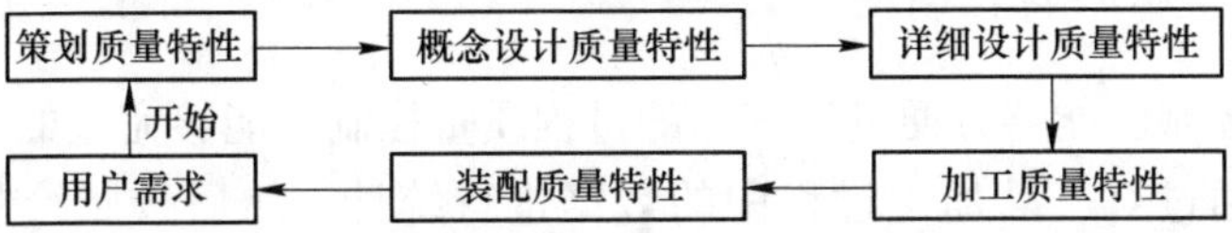

图 1-3 产品寿命周期质量特性的演化简图

会发现它们关系非常紧密，层层递进。通过对市场的调查研究发现，产品质量的提高在于不断地去搜集用户反馈，然后再去优化各个生产环节。产品设计的好坏则又是取决于用户的需求。只有合理进行每个步骤，才能够将产品的误差控制在合理范围内，才能让设计出的产品符合用户的需求。产品质量特性的改变是伴随着用户需求的变化而变化。

（3）某种产品的质量特性可以说是静态的，但是又可以理解为动态的。之所以这样说是因为产品的质量特性总体上是在不断调整的，调整的同时关键质量特性往往是不变的。生产产品的最终目的是为用户服务，产品的质量特性管控需要严格地贯彻到产品生产的每个环节。有试验证明，每个产品的生命周期都是不一样的，有长有短，只有收集用户使用信息才能完善产品质量特性，从而对产品质量特性进行良好的控制。

1.4 加工过程质量控制技术的基本理论

除了设计产品质量特性控制之外还有产品加工过程质量控制。这个理论主要运用在产品加工过程中对产品的质量特性进行实时的管控。当今加工企业对产品的加工过程质量的控制方法有所不同，主要有统计和建模两种过程控制，把产品的加工公差降低到一定的范围内，避免没有必要的反复加工，还能以可靠的质量来满足用户的要求。上述两种控制方法，在全国范围内都是很普遍的技术方法。过程质量控制的重要性是不言而喻的，因此了解和掌握产品的加工过程质量控制技术的基本理论也非常重要。通过下面的介绍，可以清楚地认识到过程质量控制的原理及方法。但是必须强调一下，任何理论都不可能是尽善尽美的，都存在各自的不足，需要在不断探索中进行完善。

1.4.1 统计过程控制

统计过程控制（statistical process control，SPC）是对产品生产加工过程的各个环节加以统计，这都是为了方便质量特性控制。这种方法能将产品加工过程的每个重要细节都一一展示出来，可以总结出产品加工过程中的内在规律。在产品的使用过程中一旦发现哪些因素还不太完善，就可以利用统计过程控制中记录的数据进行追溯和修改，从而改善产品的质量。

1.4.1.1　休哈特控制图

休哈特控制图能够方便进行产品的过程质量控制，能够完整的统计产品过程质量特性。通过对产品加工过程中的数据进行统计，然后按照绘制控制图的原理，就可以绘制出休哈特控制图。通过控制图能非常及时地了解不完善的地方，进而进行相应的修改。控制图的意义是：当加工的过程中都是正确时，那么产品的质量特性也保持在一个合理的区间范围内；反之亦然，如果加工过程中有不正确的因素存在，那么产品的质量特性因素必然会超出正常的范围。具体内容如图1-4所示。

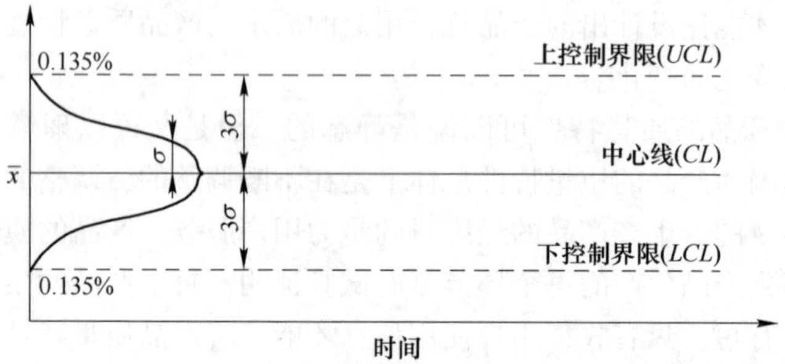

图1-4　控制图的基本形式

控制图的控制界限为：

$$UCL = u + 3\sigma \tag{1-1}$$

$$CL = u \tag{1-2}$$

$$LCL = u - 3\sigma \tag{1-3}$$

式中，u，σ 分别为统计量的均值和标准差。

通过图1-4能够发现，上述控制方法能为产品的质量控制提供很大便利，但是也会出现错误。

（1）虚发报警的错误。在统计生产过程中的，需要记录很多数据，把正常范围内的观测点记录到不正常的范围内，这种错误被称为 α。

（2）漏发报警的错误。把控制图上处于界限外的观测点视为正常的情况，这也是经常出现的错误，这种错误被称为 β。

在应用如上方法对产品加工过程质量进行控制时，要尽量避免出现虚发报警的错误和漏发报警的错误。

1.4.1.2　累积和控制图

累积和控制图（CUSUM）就是把非常小的偏移累计成非常大的偏移的数据信息累积的过程，起到放大的效果。主要的目的是提高其过程变化反应的速度。

因此控制图可定义为：

$$C_n = \sum_{i=1}^{n} (\bar{x}_i - u_0) \tag{1-4}$$

式中，C_n 为样本变化量通过累积以后得到的总值；u_0 为该批样本变化量的平均值。

样本变化量值均在 u_0 上下波动，一旦出现问题，其值就会超出界限范围。

1.4.1.3 指数加权移动平均控制图

加权控制图这种方法的原理也是指累积的过程，它跟累积控制图能达到相同的目的。控制图理论需要很多的理论做支撑，主要是对统计中的数据赋予一定的权重。统计中出现的新数据要赋予较大的权重，统计中出现的原来的数据要赋予比较小的权重，具体可以表示如下：

$$Z_i = \lambda X_i + (1 - \lambda) Z_{i-l} = \lambda \sum_{i=0}^{i-1} (1 - \lambda)^j X_{i-j} + (1 - \lambda)^i Z_0 \tag{1-5}$$

式中，Z_i 是 EWMA 统计量，即所有之前样本均值的加权平均值；λ 为常数，$0<\lambda \leqslant 1$；X_i 是独立的随机变量。

通过式（1-5）可以知道 $(1 - \lambda)^j$ 是伴随 j 的增大而变小，而且与样本之间的距离会变得非常大。这个规律可以表示为：

$$UCL = u_0 + L\sigma \sqrt{\frac{\lambda}{2 - \lambda}[1 - (1 - \lambda)^{2i}]} \tag{1-6}$$

$$CL = u_0 \tag{1-7}$$

$$UCL = u_0 - L\sigma \sqrt{\frac{\lambda}{2 - \lambda}[1 - (1 - \lambda)^{2i}]} \tag{1-8}$$

其中，Z_i 的方差为 $\sigma_{Z_i}^2 = \sigma^2 \left(\frac{\lambda}{2 - \lambda}\right) [1 - (1 - \lambda)^{2i}]$。

通过查阅众多研究资料可以知道，使用控制图对加工过程质量进行监控和统计是能够实现的，而且误差能够得到很好的管控，也能够很好地实现质量特性设计。这对产品来说，就是如何能够更好地满足客户的要求，达到令人满意的质量水平。在企业的生产管理上，包括加工过程的质量控制都在运用这种方法，并且解决了质量控制方面的一些问题。但是实际组织生产中也存在一些问题，就是控制图毕竟是一种静态的控制方法，而实际生产中一些质量特性是不断变化的，怎样能做到两者的同步，这仍然是一个急需解决的问题，有待于进行深一步的研究。

1.4.2 智能过程质量控制

由于客户需求的不确定性越来越多，人工记录和统计存在缺陷问题，所以需要一种非常快速的工具把这种信息进行智能化处理，也就是质量过程控制。

1.4.2.1　BP 神经网络算法

BP 算法是目前最为先进的智能过程质量控制方法。其主要原理是利用网络结构的快速反应能力和运算能力实现过程质量的控制。BP 算法相对其他的方法具有非常突出的优点，比如具有自我组织能力、容易学习和操作、覆盖面非常广泛等。BP 算法的应用非常广泛，目前一些电子产品的加工制造过程、汽车类产品的加工制造过程、一些奢侈品的设计制造等都离不开 BP 网络算法，BP 算法在质量控制当中完全实现了智能化控制。

BP 网络包含三个神经网络层，看起来错综复杂但其实却条理清晰。它采用的原理是最速下调法。输入的数据按照逻辑语言运行，之后运算出结果，具体如图 1-5 所示。

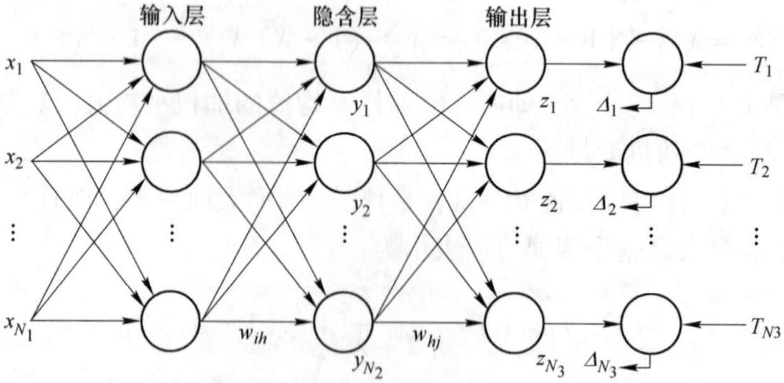

图 1-5　三层 BP 神经网络结构图

输入样本值，数量是 N_1，那么 BP 网络中隐含层各个节点的值是：

图 1-5 中 x_i 表示输入层每个点的值；y_h 代表隐含层每个点的值；z_j 表示输出每个点的值；T_j 表示希望达到的值；Δ 代表标准值和实际输出值之间的差值；N_1 代表输入层的节点总数；N_2 代表隐藏层的节点总数；N_3 表示输出层的节点总数；w_{ih} 表示输入层到隐含层的权重值；w_{hj} 表示从隐含层到输出层的权重值。

$$net_h = \sum_{i=1}^{N_1} w_{ih} x_i + \theta_h \tag{1-9}$$

$$y_h = f(net_h) \tag{1-10}$$

BP 网络算法输出的值可表示为：

$$net_f = \sum_{h=1}^{N_2} w_{hj} y_h + \gamma_j = \sum_{h=1}^{N_2} w_{hj} f(net_h) + \gamma_j = \sum_{h=1}^{N_1} w_{hj} f\left(\sum_{h=1}^{N_1} w_{ih} x_i + \theta_h\right) + \gamma_j \tag{1-11}$$

$$z_j = f(net_j) \tag{1-12}$$

搜集所有的数据，那么输出值和目标值之间的差距可以表示为：

$$E = \frac{1}{2}\sum_{j=1}^{N_3}(T_j + z_j)^2 \tag{1-13}$$

目标值的求值算法如下：

$$y = f(x) = \frac{1}{1 + e^{-x}} \tag{1-14}$$

通过上述公式得到输出值，然后用它和目标值比较，如果比较接近，并且符合标准，运算就结束。但是如果输出值没有和目标值匹配，就需要一定算法训练加以修正整理，来完成计算。这是得到正常输出值必须要经过的步骤。

1.4.2.2 模糊控制理论

模糊控制理论是一种模拟人类思维过程的计算机控制方法，它应用的主要知识来源为模糊变量、模糊数学和模糊逻辑推理等。该方法在进行建模时不依赖对象，并且采用以往的经验和知识设计模糊控制器对其进行建模。它还是一种非线性的控制理论，其鲁棒性较强，建模语言简单易懂，其算法也易于实现，所以对该方法进行深入的研究具有重要的意义。目前，该理论大部分体现在自动化控制领域、故障诊断与检测以及故障模式的识别等质量控制领域。模糊控制大致过程如图 1-6 所示。

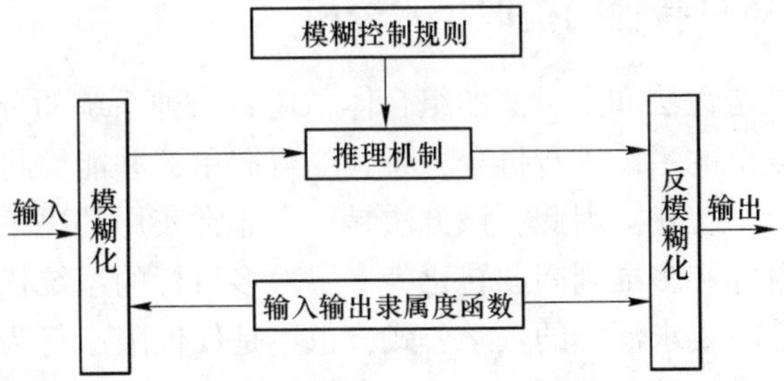

图 1-6 模糊模型控制器的基本结构图

即使最近几年此理论获得了一定的发展和快速的应用，其系统的创建和分析仍然没有较为成熟的方法，在实际应用时更多的还是依靠经验法和试算法。如今，一些控制领域的学者计划将某些完善的控制理论与模糊控制综合起来，比如专家系统、遗传算法及神经网络等与模糊控制结合，这些研究都为今天的研究奠定了基础。

1.4.3 现行方法的不足

对于统计过程控制（SPC）来说，它在控制模式中属于“事后”控制，不能解决生产过程中已发生的质量异常问题。此类模式不以工程经验背景知识为依据，仅从原始理论数据出发，采用概率统计理论去探求生产加工过程中的统计学规律，这也使得它无法描述其生产过程中的所有质量特征耦合规律及其影响机制，且不能判断一些误加工质量波动中的真正缘由。就神经网络来说，其局限性在于学习时间和训练时间过长，样本空间的容量较大以及不适用于多品种小批量的产品制造模式。

单一评价法的评价结论一般具有两种表达方式，其一为单一评价值体系，即经每次评价后，各对象可以获得一个单一评价值，然后得出一组单一评价序列值，从而作为其评价依据；其二为直接法，即其评价排序结果由若干被评价对象直接给出。则基于方法集分析的评价方法可划分为，基于单一评价值的组合评价法和基于评价排序的组合评价法。考虑到各个方法的评价原理不同，其各方法对某些对象可能具有偏好性，比如某些评价法对有的对象可能适用，而对其他对象并不适用，或者其适用的程度不尽相同。

将一组待评价对象进行单一评估，就能获得此组评价结果的优劣顺序；若采用其他各种单一评价方法，其排序的结果也可能不同。而基于评价排序结果的组合评价方法即是依据某些特定的原则将各种评价法的单一排序结果组合起来而获得的组合评价排序值。本章主要研究的是质量提取过程中，为避免单一提取方法存在的各自缺陷，利用几何平均法综合优化提取质量特性模型。

1.5　关键加工质量特性的提取技术分析

层次分析法是定性法和定量法的组合体，还是一种系统的分析研究方法。它能够对一个较为复杂的系统进行拆分，将其变得简单，并能够将人的思想或决策通过数学手段进行系统化。因此，该方法是一个非常实用的决策方法，它能将很多难以量化的多目标和多准则问题转化为多层次多目标的系统优化问题。这种方法的优点在于，它不要求深奥的数学公式，也不是仅仅限于行为过程、逻辑思维或推理能力等；其求解原理和方法步骤非常简单、易懂，易于被使用者所掌握和了解。

这种方法能够近似地模拟人类的决策过程，其各个要素权重占比的判断工作是通过大脑来完成的。从这种原理可以得出，它的出发点是参与评价的人所理解问题的实质和要素，因此，其所需的定量数据大大减少，定性成分会比较多。同时，它对于求解传统优化方法无法解决的问题极为有效。

该方法虽然兼有定性和定量的内容，但其定量数据较少，定性内容较多，很难使人信服。关于科学方法的评价，其需严格的数学方法验证和较为完备的定量计算，这才是它现在的一般准则。但现实情况为，人们不可能采用简单的数字或数学关系来描述一切实际问题。它主要模拟人类的决策方式，因此会有较多的定性内容。而在其评价指标较多时，其矩阵数据也越来越多，权重判断就会变得复杂，则其一致性检验无法通过。在求解判断矩阵的特征值与特征向量时，所采用的计算过程非常简单，而在其评价指标较多时，它们的计算过程也会变得较为复杂。因此，求解多目标决策问题的方法就是利用某些近似的方法，以求得近似解，而不是精确解。

熵的概念来源于热力学。而信息是描述其出现概率的一种度量，并与信息成负相关。因此，信息通常也被定义为负熵。在一个系统过程中，当它的信息内容逐渐增多时，其对应的熵值是逐渐降低的，它们出现的概率也会随之减少；反之，若其信息量大小逐渐降低，则熵值将不断地增大，它们出现的概率也会随之增大。因此，这种通过熵理论来明确的所有评价指标权重的大小，就是人们所称的熵权，此方法早已经过实践的验证，具有很高的科学性。

熵权值，它不仅代表实际意义上某评价指标的重要程度，更是一种竞争含义上的相对重要程度。比如其中的一个指标的熵权值变小时，其指标的重要程度并非不高，而是在它所表示的指标体系中，该指标的影响力不大，很难对最终方案作出有效的评价。所以，熵权在一定程度上具有较为特殊的意义。

通常来说，熵权值的取值区间与其他权重值结果是相同的，位于 0 到 1 之间，而且其各个指标的熵权值之和为 1。其指标的熵值越大，它对应的熵权值就会越来越小，其重要程度也会下降；相反，其指标的熵值越小，它对应的熵权值就会越来越大，其重要程度也会提高。因此，熵权值与熵值呈现一种负相关的关系，而其熵权值和它的重要度呈现明显的正相关关系。

同时，在选择评价指标时，熵权值的大小对其也有着最直接的关系。当评价某一个具体的实际问题时，先要确定下一步所要评价的对象，再去确定各个评价指标下的熵权值。通过利用熵权值的大小进行判断此指标能否给予有价值的信息内容，若其熵权值较小，则该项指标在此问题中所起的影响也较小，为化简该评价指标，这类指标可进行删除处理。为了增强这些评价指标制定的精确度，可以采用熵权值的方法来进一步地调节这些指标的各个评价值。然而该方式本身的客观性可能会影响其评价指标的判断结果，同样，其样本的改变也可能对权重造成一定的影响。

正是因为层次分析法和熵权法都有各自的缺陷，本章将应用基于 AHP 和熵权法几何平均综合提取方法，有效地克服传统 AHP 方法计算过程存在的主观性和熵权法绝对客观性的问题，从而提高了产品质量特性排序的精确性和合理性。对压缩机质量特性进行评价，以此找出压缩机各种质量特性对产品的影响程度，为确定相应的质量控制关键点提供理论依据。综合以上分析，建立产品关键加工质量特性提取流程如图 1-7 所示。

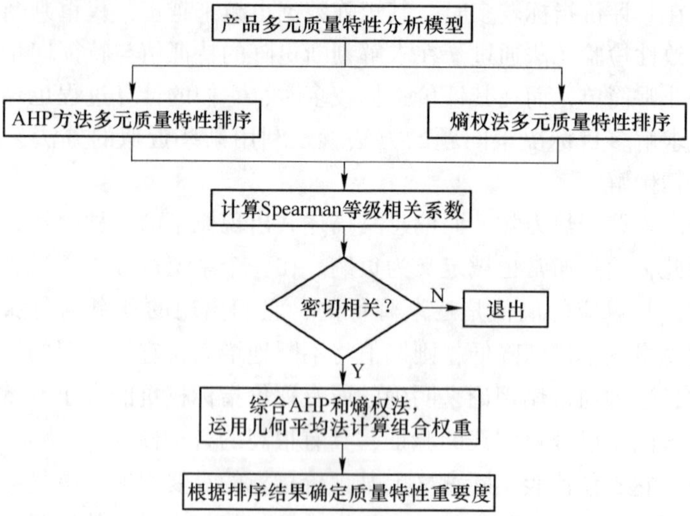

图 1-7 产品关键加工质量特性提取流程图

1.6 基于 AHP 的质量特性评估模型

1.6.1 建立质量特性层次结构

应用层次分析法解决关键质量特性提取的问题，首先要建立质量特性的层次结构模型，也就是要将产品质量特性进行分层系列化处理。为了解决质量特性评估任务，需要将阻碍任务完成的所有因素都列举出来，然后根据各个因素之间的相互关系以及隶属关系，将所有的因素分层聚类进行组合。在产品质量控制中，要达到的目标是控制产品的最终质量，根据最终产品的质量要求将其分解为表面粗糙度、外观要求、公差尺寸、使用性能等多个方面的特性作为准则层；然后把各个准则层再依次细分到质量特性，作为最底层；最后根据各底层质量特性对上一层的影响建立关键质量特性的层次结构模型。

复杂机电产品的零件种类繁多，但是大多数零件的质量目标差异性却不大，包括表面质量、公差尺寸、基本尺寸等各方面要求。值得注意的是尽管质量目标差异性不大，但是对最底层各个质量特性精度的要求却不同。所以对于不同零件建立关键质量特性评估模型时，需要根据零件的具体技术要求进行确定。为了能够使建立的层次结构模型具有客观性，可以将明显对零件最终质量没有影响的质量特性去掉，然后再建立层次结构模型，这样既简化了模型也提高了计算效率。

建立质量特性层次结构。通过对生产现场的实地调查以及层次分析法的反复验证，对质量目标进行逐层分解，如图 1-8 所示。同层元素之间彼此相互独立，相邻上下层之间为“父子”关系或附属关系。最底层的质量特性就是要评估的指标，针对某一产品的质量目标，可以建立质量目标层、质量指标层以及质量特性层的质量特性层次结构模型。

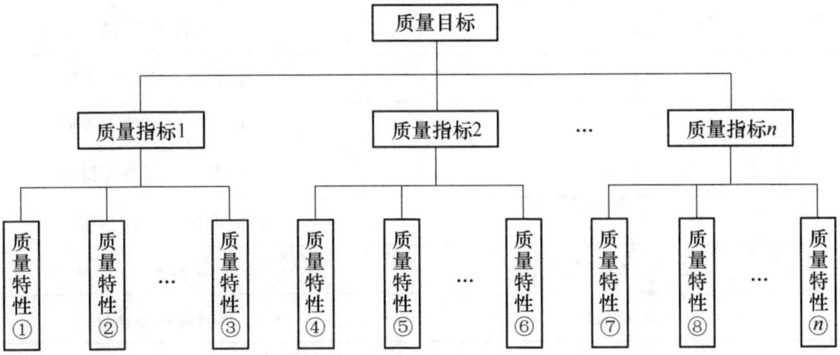

图 1-8 简单质量特性层次模型

在生产过程中，根据形成产品质量的角度不同，可以将其分为产品级别质量特性、部件级别质量特性、组件级别质量特性以及零件级别质量特性，以上这些质量特性构成产品的最终质量，其影响程度也最终体现在产品质量上。不同级别的质量特性划分原则不同，相同级别的质量特性可以有不同的划分尺度。由质量目标层、质量指标层以及质量特性层组成质量特性层次结构模型，分别对三层结构进行介绍。

(1) 质量目标层。质量目标层是对产品最终质量水平的反映，是其是否符合产品的各种技术要求的体现，它将最终影响顾客对产品的总体满意度。

(2) 质量指标层。质量指标层是产品质量特性结构中的中观尺度，为了将解决的问题简单化，需要将最终的产品质量目标分解为几个概括的评估指标，从而简化问题的复杂程度。

(3) 质量特性层。质量特性层是产品质量特性结构中的微观尺度，根据质量指标的不同对质量特性进行分类化处理，建立质量特性与质量指标一一对应的关系，从而进行分析与评估。

根据公司工程部、采购部、市场部、技术部和生产部人员组成的质量小组，共同分析产品结构、产品需求、材料信息和加工工艺等信息，对质量特性结构层次模型中的每一层进行相对重要度分析。为了使相互之间的重要度得以量化，根据简易表格法对相对重要度赋值，见表 1-2。

在确定各层因素相对重要度时，针对质量特性上层指标或目标，将同层次某一质量指标第 i 个特性与第 j 个特性的相对重要度规定为 d_{ij}。根据简易表格法，质量小组分别对同层各质量特性进行两两比较确定相对重要度，如果对下层 n 个质量特性以上层某个指标为标准进行两两比较，就会形成一个 n 阶的质量特性评估矩阵。

表 1-2 元素表

元素值	两目标相比
1	两者同样重要
3	前者比后者稍微重要
5	前者比后者明显重要
7	前者比后者重要得多
9	前者比后者极端重要
2、4、6、8	介于以上两种情况中间
以上各数倒数	两目标反过来比较

建立的质量特性评估矩阵为：

$$\boldsymbol{B}_{ij} = \begin{bmatrix} b_{11} & b_{12} & \cdots & b_{1j} \\ b_{21} & b_{22} & \cdots & b_{2j} \\ \vdots & \vdots & & \vdots \\ b_{i1} & b_{i2} & \cdots & b_{ij} \end{bmatrix} \tag{1-15}$$

1.6.2 计算组合权重

1.6.2.1 方根法

计算的主要步骤如下：

（1）计算质量特性评估矩阵每一行质量指标的乘积：

$$M_i = \prod_{i=1}^{n} b_{ij} \quad (i = 1, 2, \cdots, n) \tag{1-16}$$

（2）计算 M_i 的 n 次方根：

$$\overline{\boldsymbol{W}}_i = \sqrt[n]{M_i} \quad (i = 1, 2, \cdots, n) \tag{1-17}$$

（3）对向量 $\overline{\boldsymbol{W}}_i$ 进行标准化处理：

$$\boldsymbol{W}_i = \overline{\boldsymbol{W}}_i / \sum_{i=1}^{n} \overline{\boldsymbol{W}}_i \quad (i = 1, 2, \cdots, n) \tag{1-18}$$

因此 $\boldsymbol{W} = [\boldsymbol{W}_1, \boldsymbol{W}_2, \cdots, \boldsymbol{W}_n]^{\mathrm{T}}$，$(i = 1, 2, \cdots, n)$，即为所求的特征向量。

（4）计算最大特征根：

$$\lambda_{\max} = \sum_{i=1}^{n} \frac{(\boldsymbol{BW})_i}{n\boldsymbol{W}_i} \tag{1-19}$$

上面的式子中，$(\boldsymbol{BW})_i$ 表示向量 $\boldsymbol{BW}$ 的第 i 个分量。

1.6.2.2 和积法

计算的主要步骤如下：

（1）将质量特性评估矩阵每一列进行归一化处理：

$$b_{ij} = b_{ij} / \sum_{k=1}^{n} b_{kj} \quad (i, j = 1, 2, \cdots, n) \tag{1-20}$$

（2）对归一化后的质量特性评估矩阵进行求和：

$$\overline{\boldsymbol{W}}_i = \sum_{k=1}^{n} b_{ij} \quad (i = 1, 2, \cdots, n) \tag{1-21}$$

（3）对向量 $\overline{\boldsymbol{W}}_i$ 进行标准化处理：

$$\boldsymbol{W}_i = \overline{\boldsymbol{W}}_i / \sum_{i=1}^{n} \overline{\boldsymbol{W}}_i \quad (i = 1, 2, \cdots, n) \tag{1-22}$$

因此 $\boldsymbol{W} = [\boldsymbol{W}_1, \boldsymbol{W}_2, \cdots, \boldsymbol{W}_n]^{\mathrm{T}}$，$(i = 1, 2, \cdots, n)$，即为所求的特征向量。

（4）计算最大特征根：

$$\lambda_{\max} = \sum_{i=1}^{n} \frac{(\boldsymbol{BW})_i}{n\boldsymbol{W}_i} \tag{1-23}$$

1.6.2.3 对质量特性评估矩阵进行一致性检验

由于质量小组成员各自的专业背景不同，导致在对质量特性进行相互比较打分时很难做到完全一致，打分的结果具有一定的主观性。为了保证对质量特性评估结果的合理性与准确性，需要对所建立的质量特性评估矩阵进行一致性检验，如果通过一致性检验才可以进行下一步的计算，否则就要修改质量特性评估矩阵后再次进行检验，直至通过一致性检验为止。

假设对 n 个质量特性进行两两比较，对形成的任意一个质量特性评估矩阵 $\boldsymbol{B}$：当评估矩阵完全保持一致时，$\lambda_{\max} = n$；当评估矩阵不完全一致时，$\lambda_{\max} > n$。因此对于一致性检验指标 CI 有：

$$CI = (\lambda_{\max} - n)/(n - 1) \tag{1-24}$$

根据上面的分析可知：当质量特性评估矩阵完全保持一致时，$CI = 0$；当质量特性评估矩阵不完全一致时，$CI > 0$，CI 越大则质量特性评估矩阵的一致性就越差。当对不同阶的质量特性矩阵进行比较时，平均随机一致性指标 RI 也会不同，计算中经常使用的 RI 值见表 1-3。

表 1-3　随机一致性指标

n	1	2	3	4	5	6	7	8	9
RI	0.00	0.00	0.58	0.90	1.12	1.24	1.32	1.41	1.45

质量特性评估矩阵的随机一致性比例：

$$CR = \frac{CI}{RI} \tag{1-25}$$

式（1-25）中，当 $CR<0.10$ 时，认为质量特性评估矩阵的一致性是可以接受的；当 $CR \geqslant 0.10$ 时，就要适当修正质量特性评估矩阵，直到可以接受为止。

1.6.2.4　质量特性总排序

假设质量特性指标层 A 包含 n 个指标 A_1，A_2，…，A_n，则质量特性指标重要性排序的权重值依次是 a_1，a_2，…，a_n；质量特性最底层 B 中包含 m 个指标 B_1，B_2，…，B_m，对于 A_j 的质量特性指标重要性权重值分别为 b_{1j}，b_{2j}，…，b_{mj}。在质量特性相对于质量目标层的总排序中 B 层 m 个质量特性的权重值，通过与其密切相关的上层权重值乘以本层的权重得到，即产品质量特性相对于质量目标层的总权重值为：

$$w_i = b_{ij}a_j \quad (i = 1,\ 2,\ \cdots,\ m;\ j = 1,\ 2,\ \cdots,\ n) \tag{1-26}$$

构成最终产品质量的质量特性是多方面的，在进行关键质量特性提取时，本章采用 AHP 确定质量特性指标的权重，从而提高了质量控制过程中对关键质量特性的准确度。

关键质量特性提取的目的就是在产品众多的质量特性中，找到对产品质量影响较大的关键质量特性，根据 w_i 值的大小将质量特性对产品最终质量的影响程度进行排序，依据 20/80 原则“抓住关键的少数”确定出关键质量特性。

1.7　基于熵权法的质量特性评估模型

根据熵的基本概念可以知道，信息量本质上是负熵的一种体现。对于评价结果的准确性和可靠性很大程度上取决于获取信息量的多少以及重要度，换句话说，也就是在评价过程中，熵是确定权重的一种很适合的方法。

依据信息熵的基本思想，信息量和熵值的关系为负相关。因此，在评价过程中如果指标的熵值越大，就代表其所能提供的价值量越少，不确定性程度就越大。如果评价者利用这种指标来做决策难度就会非常大，因此应该尽量缩小权值。反之，评价过程中该熵权值越小表明其重要程度越大。所以，利用熵权法来确定评价指标具有良好的操作性。

基于熵权法的基本理论，在生产过程中质量特性评价的问题上，熵是一个很好的评价尺度。利用熵权法提取关键质量特性，首先要对判断矩阵进行数据标准化处理，消除自身量纲和大小的影响，然后计算出信息熵，继而确定出熵权。计算流程图如图 1-9 所示。

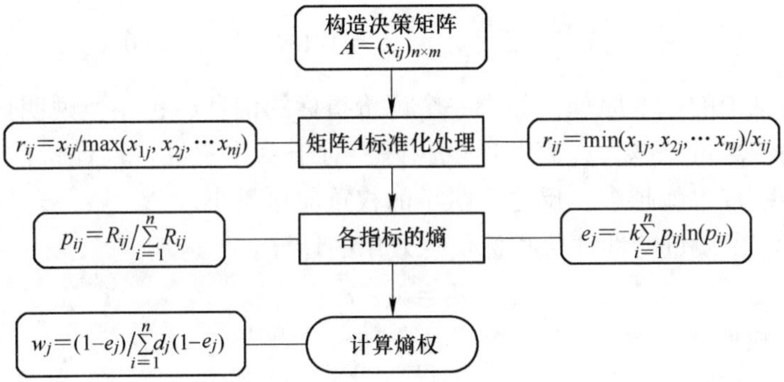

图 1-9 计算流程

基于熵权法关键质量特性模型提取步骤如下：

（1）对于 n 个待评价的数据样本，每个数据样本包含 m 个质量特性评价指标，则质量特性评估矩阵为：

$$A=\begin{bmatrix} x_{11} & x_{12} & \cdots & x_{1n} \\ x_{21} & x_{22} & \cdots & x_{2n} \\ \vdots & \vdots & & \vdots \\ x_{m1} & x_{m2} & \cdots & x_{mn} \end{bmatrix} \tag{1-27}$$

（2）指标数值的标准化处理。由于各个待评价特性的单位不统一，其所代表的含义也有很大的差别。在提取过程中，为了消除数据本身大小和量纲带来的影响，需要对数据进行标准化处理，然后再进行后续的计算。对于数据标准化的方法有极差变换、向量归一化处理以及线性比例转换等方法，根据所要评价的对象不同，每种变换方法都有各自的优缺点。本方法中为了能够尽量保留原始数据所传递的信息，运用线性比例转换法，具体变换过程如下。

正向指标：$r_{ij}=x_{ij}/\max(x_{1j}, x_{2j}, \cdots, x_{nj})$ （指标数值越高越好）

$$\tag{1-28}$$

逆向指标：$r_{ij}=\min(x_{1j}, x_{2j}, \cdots, x_{nj})/x_{ij}$ （指标数值越低越好）

$$\tag{1-29}$$

其中 r_{ij} 表示第 i 个评价对象的第 j 个评价指标经过指标数值标准化处理后的具体数值。

（3）计算第 j 项质量特性评价指标下第 i 个评价对象在该评价指标中所占的比重：

$$p_{ij} = R_{ij} / \sum_{i=1}^{n} R_{ij} \quad (i = 1, 2, \cdots, n; j = 1, 2, \cdots, m) \tag{1-30}$$

（4）对第 j 项质量特性评价指标熵值的计算：

$$e_j = -k \sum_{i=1}^{n} p_{ij} \ln(p_{ij}),\ k = 1/\ln(n),\ e_j > 0 \tag{1-31}$$

根据信息论的基本原理，如果一个评价指标的信息熵越小，说明该评价指标中所蕴含的信息量就越大，离散性就越好，对于总体质量特性评价的影响越大，对该指标的赋权也就越多；反之，赋予的权重应尽量小。

（5）第 j 项质量特性评价指标信息效用的计算：

$$d_j = 1 - e_j \tag{1-32}$$

（6）求权值：

$$w_j = d_j / \sum_{i=1}^{n} d_j \quad (i \leqslant j \leqslant m) \quad 且 \quad \sum_{j=l}^{m} w_j = 1 \tag{1-33}$$

其中，w_j 代表质量特性评价指标所对应的权重，m 表示评价指标层的指标数量。最后根据所得到的权值对各个评估指标进行排序。

1.8 基于几何平均法的综合提取方法

针对 AHP 和熵权法两种方法得出的排序结果，用参数统计方法检验两种方法评价结果的密切程度。斯皮尔曼等级相关是研究不同变量之间关系的一种方法，其优点是以等级资料为研究基础，对数据条件没有严格的要求，具有广泛的适用性。斯皮尔曼等级是斯皮尔曼等级相关系数（spearman rank correlation，SRC）研究的基础，它能反映出单一提取模型是否与其他模型具有良好的相容性，并且两组不同变量之间的密切程度取值范围在-1～1之间，若没有良好的相容性则两种模型就不能进行组合或组合后的结果不能保持高度的一致性。在多种模型的组合方法中，通常利用斯皮尔曼等级相关系数来确定多种方法之间的相互关联度。设其中一种模型的等级排序为 x_i，另一种模型的等级排序为 y_i，斯皮尔曼等级相关系数（SRC）的公式为：

$$SRC = 1 - \frac{6\sum_{i=1}^{n} D_i^2}{n(n^2 - 1)} \quad (D_i = x_i - y_i) \tag{1-34}$$

根据式（1-34）可以计算出两种不同模型的斯皮尔曼相关系数，从而确定出两种方法的密切程度。

针对指标决策问题，因为赋予权重的合理性将直接对指标的排序结果的精确度有决定性影响，所以研究决策过程中的权重问题具有重要意义。从大体上看权重的确定方式大致分为客观赋权法及主观赋权法两种。其中客观赋权法是通过本身数据所蕴含的信息来确定其权重，熵权法就是其中的代表；主观赋权法是指评估人员依据对各评价指标的主观重视程度来确定其权重的大小，主要包括层次分析法、模糊层次分析、评分法等。从本质上讲，主观赋权法和客观赋权法都有各自的优缺点，为了能够使主观和客观赋权实现统一，结合两者各自的优点，本书给出了一种基于几何平均法的最优组合赋权方法，进而有效地解决了质量特性指标决策问题。

综合应用 AHP 和熵权法的几何平均法的计算过程如下：

$$z_i = \left(\prod_{j=1}^{p} w_{ij}\right)^{\frac{1}{p}} \Big/ \sum_{i=1}^{n}\left(\prod_{j=1}^{p} w_{ij}\right)^{\frac{1}{p}} \quad (i = 1,\ 2,\ \cdots,\ n;\ j = 1,\ 2,\ \cdots,\ p) \tag{1-35}$$

式中，i 为评价指标个数；j 为评价模型的个数；w_{ij} 为第 i 个评价指标用第 j 种评价模型确定出的质量特性指标权重值。

1.9 多种提取结果的综合分析评价

根据 AHP 法、熵权法和几何平均法三种方法得到的排序结果见表 1-4，其中 $a_1 \sim a_5$ 为表面质量粗糙度，$b_1 \sim b_4$ 为工件基本尺寸，$c_1 \sim c_5$ 为工件公差尺寸。根据表 1-4 计算 AHP 法、熵权法、几何平均法优化组合的斯皮尔曼等级相关系数，从而确定两种方法是否能够进行优化组合。

表 1-4 排序结果

指标	a_1	a_2	a_3	a_4	a_5	b_1	b_2	b_3	b_4	c_1	c_2	c_3	c_4	c_5
AHP 法排序	4	2	1	6	7	9	13	14	11	3	10	8	5	12
熵权法排序	5	1	2	4	3	8	11	13	12	7	10	9	6	14
几何平均法排序	6	1	2	5	4	8	12	13	11	3	10	9	7	14

计算 AHP 法、熵权法的斯皮尔曼等级相关系数为：

$$SRC = 1 - \frac{6\sum_{i=1}^{n} D_i^2}{n(n^2 - 1)} = 1 - \frac{6 \times 53.5}{14 \times (14^2 - 1)} = 0.8824$$

利用几何平均法组合以上两种方法的斯皮尔曼等级相关系数为：

$$SRC = 1 - \frac{6\sum_{i=1}^{n} D_i^2}{n(n^2 - 1)} = \left[2 - \frac{6 \times (22 + 28.5)}{14 \times (14^2 - 1)}\right] / 2 = 0.9445$$

因此，组合后的斯皮尔曼系数（0.9445）大于组合前的值（0.8824），所以经过几何平均法组合后的结果更具合理性，实现了单一提取方法的优势互补。由 AHP 法、熵权法和几何平均法三种方法得到的排序结果见表 1-5。

表 1-5　排序结果比较

一级指标	二级指标（质量特性）	SRC = 0.8824				SRC = 0.9445	
		AHP 法		熵权法		几何平均法	
		权重值	排序	权重值	排序	权重值	排序
表面质量	粗糙度 a_1	0.0760	4	0.0597	5	0.0696	6
	粗糙度 a_2	0.1331	2	0.2510	1	0.1886	1
	粗糙度 a_3	0.1911	1	0.1735	2	0.1880	2
	粗糙度 a_4	0.0644	6	0.0721	4	0.0703	5
	粗糙度 a_5	0.0634	7	0.0769	3	0.0721	4
基本尺寸	尺寸 b_1	0.0617	9	0.0561	8	0.0608	8
	尺寸 b_2	0.0170	13	0.0438	11	0.0281	12
	尺寸 b_3	0.0170	13	0.0293	13	0.0230	13
	尺寸 b_4	0.0434	11	0.0309	12	0.0378	11
公差尺寸	尺寸 c_1	0.1265	3	0.0568	7	0.0875	3
	尺寸 c_2	0.0500	10	0.0438	10	0.0483	10
	尺寸 c_3	0.0626	8	0.0475	9	0.0563	9
	尺寸 c_4	0.0669	5	0.0573	6	0.0639	7
	尺寸 c_5	0.0270	12	0.0012	14	0.0058	14

由表 1-5 可知，AHP 法是对指标进行经验性的评判，结果受评判者经验影响的程度很大，且具有一定的主观性。熵权法主要是根据各指标本身所提供的信息，来确定指标权重，但是由于方法本身的绝对的客观性可能违背指标判断结果的合理性，同时样本的变化也会影响权重的结果。为了客观合理地确定指标权重，本章应用几何平均法对 AHP 和熵权法提取进行优化组合，从而使得赋予的权重值实现主观与客观的统一，有效地克服了两种方法各自存在的缺陷，充分利用各自有用的信息，使最终的指标排序结果具有较强的科学性和一致性。

2 产品加工过程关键质量特性预防控制方法

2.1 企业现行质量预防控制方法

2.1.1 FMEA 技术的特性

故障模式分析的特点就是它能够分析出产品质量特性中可能存在的潜在问题。这些潜在的问题可能潜伏在产品的设计阶段以及加工制造阶段，此外，还有可能存在于用户的体验阶段。故障分析能起到预防产品出现问题的作用，因为提前预测到会导致产品出现问题的诱因，适当规范使用和制造条件，能够优化产品的质量特性，提高产品的耐用性。

FMEA 在分析故障模式中运用的非常广泛，能够准确找出出现故障或者分析出产品在某种条件下运行的结果。其主要原理就是将一个事物用微分学的角度去观察，然后通过不断地累积，将事情的本质进行放大。FMEA 事先观察可能出现故障的潜在因素，让这些可能对产品造成不利的因素消失在最初的设计阶段，在这个阶段把这些问题的对策都写出来。在制定 FMEA 计划的时候，必须运用良好的预防和纠正措施，同时也必须作跟踪处理，而且它是一个动态变化的文件，在整个产品开发与生产加工过程中，要按照具体的情况不断地作修改完善处理，从始至终反映过程的最新水平与最新情形的相应措施，也包含在生产加工后出现的情况。具体内容如图 2-1 所示。

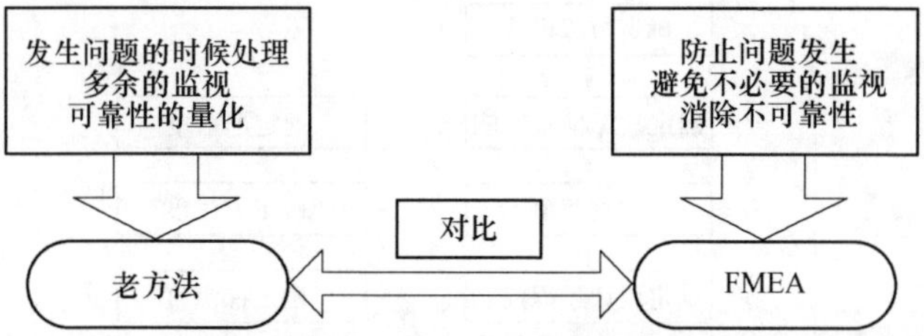

图 2-1 FMEA 与传统方法的区别

产品设计过程中运用 FMEA 方法会大大地提高产品的可靠性。FMEA 方法的使用能够找到产品潜在的缺陷，找到产品的问题或者潜在问题需要遵循潜在的规则。产品的形成要经过设计过程、制造过程和组装过程，深入了解这些阶段然后认真分析才能找到可能造成产品质量出现问题的因素。其实在产品设计和加工制造的每个过程都能应用 FMEA 技术，其分类如图 2-2 所示。该技术能够通过自身的机理找出过程质量控制中的漏洞，找出可能造成产品质量问题的潜在因素，在各个阶段相应地去规避该因素的发生，就能提高产品的质量，而且产品的质量改善一个不间断的过程。在这个过程中，利用好 FMEA 这个工具进行故障分析是非常重要的。

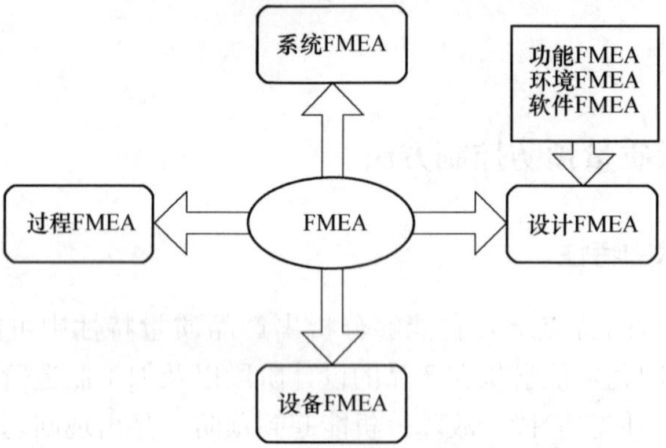

图 2-2 FMEA 的分类

2.1.2 FMEA 的实施步骤

FMEA 的实施步骤如图 2-3 所示。

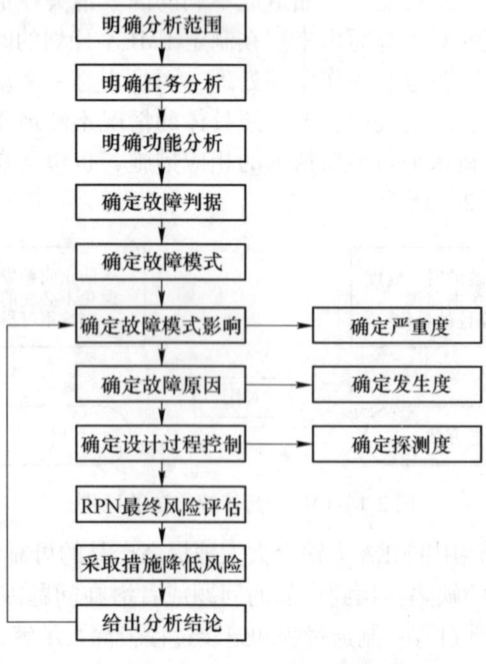

图 2-3 FMEA 的实施步骤

（1）明确研究分析的范围。库房中的产品不是都需要进行 FMEA 检测，而是需要一些时间去判断到底哪些产品适用 FMEA 检测。

（2）明确系统任务分析。明确影响完成系统任务的外在因素以及内在因素，做到全面了解，然后采用适当的方法去完成系统任务。

（3）明确功能分析。去寻找产品的潜在缺陷，需要对产品的各种功能参数做全面了解。

（4）明确故障准则。明确一种标准作为检验产品合格与否的标准。

（5）明确故障模式。明确产品可能出现故障的模式就是要在设计阶段、制造加工阶段、组装阶段着手去确定。

（6）明确故障模式影响。故障模式的影响是非常广泛的，一种产品的故障势必会影响用户对产品的体验效果，进而会造成维修成本的增加。这些影响也是分很多种类的，就像质量特性一样，需要确定造成故障模式中各个因素的重要程度。

（7）明确故障原因。故障的发生一定有原因，运用 FMEA 方法去寻找每个会导致问题发生的原因。

（8）明确设计过程。为了确保产品出现问题就能很快地找到出现问题的原因，需要对产品的故障模式有很深的分析，也就是明确设计过程。

（9）RPN 最终风险评估。对产品可能出现质量问题的因素做风险评估，风险评估是以日常加工中记录的数据为依据。

（10）运用相应措施降低风险。规避风险是非常必要的，因此需要找出合理有效的办法去降低风险，让产品出现问题的概率降低。

（11）给出分析与结论。总结产品可能出现问题的环节，而且要制定相应的措施，找到解决问题的办法，最终的目的是造出合格的产品。

2.1.3 故障模式分析

每个产品都可能会出现故障问题，在发生故障时需要准确发现并分析故障点。例如对于汽车发动机故障平时就要了解汽车发动机机理，并对其加以保养，这样可以尽可能降低发动机故障的频数，而且，要建立相应的评判故障模式的标准，这样有利于确定故障所属的范畴。在产品设计之初就应该对产品的故障模式有详细的了解和解决办法，这样在出现故障的时候就会很快地找到解决的办法。在有准备的情况下，即使产品出现这样或者那样的故障都会很快的解决掉。解决故障最常用的思路就是从问题的本质出发，寻找产生故障的原因，解决完故障以后再记录在案。在作故障模式分析的时候，要特别注意区别功能故障与潜在故障这两种不同性质的故障。

潜在故障和功能故障存在本质性的区别。首先，潜在故障是不能够轻易被发现的，潜在故障的发生是要具备一定的条件的，在了解这些条件的情况下故障是可以避免的。功能故障是指产品部分功能不能成功地运行而导致产品整体功能的瘫痪。有些产品故障的几率与时间是有关系的，如果仔细研究故障模式的话，会发现抗故障能力与使用时间的关系，具体如图 2-4 所示。

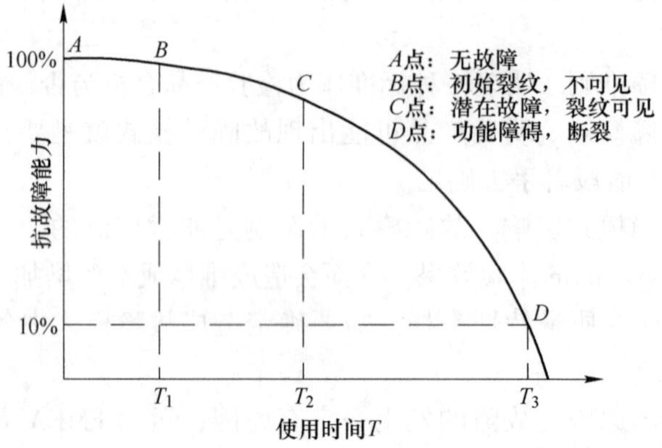

图 2-4 功能故障与潜在故障的关系

由图 2-4 可知产品的故障与使用时间的长短是有一定关系的。产品发生故障很正常，并且经常发生不同种类的故障。如果想要规避风险，就需要明确产品出现故障的可能性，明确记录下来，方便查找。

产品的任务系统中的功能分很多板块，功能都有可能发生故障，而且每种功能都不止发生一种故障。因此故障分析显得格外重要。首先记录每种产品都具有哪些功能，功能故障的可能性都有哪些。这些记录就是以后产品出现问题追踪的依据，当产品出现问题的时候，就能轻松解决掉。

2.1.4 故障原因分析

产品发生故障的时候，就急需进行故障原因分析。发现问题出现在哪里，是产品的功能性零部件出现问题还是结构性零部件出现问题。每个问题都有相应的解决办法，处理故障问题的时候，需要掌握故障处理原理。找到了故障的原因，就可以作为规避故障的宝贵经验。

故障分析是产品出现故障的时候排查产品质量特性要素中的每一个因素，最终筛选出引起故障的因素的过程。故障分析可以在不同的系统当中同时进行，互不干涉。这个过程是需要累积叠加的。因为质量特性因素有外观上的明显的因素，还有潜在的因素，在对系统故障分析时对分析者也有一定的要求，需要分析者具有全面思考方式，而且考虑的环节要求非常细，需要考虑到产品的设计环节、加工环节、制造环节和试验环节等。如果在某个阶段出现故障了，运用合理的排查方法对这个过程进行考察，然后将这些经验记录下来，方便下次出现故障时有据可查。在大多数情况下，都是运用FMEA方法进行分析。

风险优先数法（RPN）又称风险概率数法或风险系数法，福特汽车公司是最早使用该方法的，且当前该方法仍被广泛地使用。它是采用风险优先数法对潜在的失效模式进行风险分析评价，以便确定不良效果的影响程度。这种方法是运用风险优先数的相关数据，对其进行风险评估。其风险的因子由以下组成：

S——严重度，表示失效产生的后果的严重程度；

O——发生频度，即失效产生的几率；

D——可探测度，表示失效但不被顾客观察到的机会或者被检测到的难易程度。

风险优先数由发生频度、可探测度、严重度连续相乘得到，见式（2-1）。对于不同的决策因子与分数评定标准的确定准则，可以根据FMEA的实际应用范围来确定，从而确定出风险优先数的决策因子。

$$RPN = S \times O \times D \tag{2-1}$$

但是，FMEA中搜索失效模式时，对评估者的专业程度有较高的要求。传统的FMEA蕴含的信息量很少，因此评估后的结果（风险优先数）不能呈现客观实际变化情况。FMEA虽然作了些改善，但是并不可以从根本上提升评估的精度。可采用的工具有很多种，结合具体设备的设计改善实例传统FMEA的RPN分析采用严重度、频度、探测度三因素相乘积来评估，但由于其包含的信息量太小，在实际应用中的效果很不理想。虽然也可以排序，但此结果缺乏准确性和客观性。所以本书基于FTA的质量影响因素分析，建立质量影响因素层次模型进行评估，继而找出影响质量波动的主要因素。

2.2 基于FTA的质量影响因素分析

2.2.1 FTA基本概念

故障树分析法（fault tree analysis，FTA）在1961年，由美国沃森等一些研究人员最早运用在民兵导弹发射控制系统中，之后波音公司又对FTA进行了一定的修改，使它可以用计算机进行处理操作，从而使得FTA技术发展迅速。如今FTA已经成为研究分析各种复杂生产加工系统的可靠性和安全性的非常重要的方法。它的具体内容是将系统不希望出现的故障状态作为故障研究分析的目标，这个目标在故障树分析中被称为“顶事件”；在分析中找到致使这一故障发生的全部可能的直接原因，这些可能的原因在故障树的分析中被称为“中间事件”；然后跟踪找出致使每个中间事件发生的全部可能的原因，循环渐进逐层分析，尽可能地把所有的因素想到，直至追踪到对分析的问题来说原因已不能再进行细分的程度，这个基本原因在故障树的分析中被称为“底事件”。

故障树分析法是自上而下进行的，主要是从结果和不希望出现的顶事件（上级事件）向影响因素方面（下级事件）进行树形图分解研究。由顶事件开始通过中间事件直至最低级的基本事件都运用逻辑符号进行连接，形成树形图。

2.2.2　故障树分析法基础

故障树的表现形式类似于图形，为了将事件之间的逻辑关系和因果关系表现出来，就需要利用表示逻辑关系的门符号、事件符号，通过这些符号就组成了一个完整的故障树。为了下面能够更好地进行建树，在这里需要简单介绍一下相应的术语以及符号。

顶事件：指对于生产系统来说不想发生的事件。一般选机器、装备和最终产品最不希望出现的故障作为顶事件，将它列为故障树的最顶端，称它为“树根”。

中间事件：又称为故障事件，它的位置处于顶事件与底事件的中间，运用矩形符号和一个逻辑门来表示，称它为“树枝”。

底事件：在故障树的最底部，主要分为基本事件以及事故事件，可以将它看作为“树叶”。

在 FTA 分析中，往往用标准符号来表示事件和各种逻辑关系，事件符号见表 2-1，逻辑符号见表 2-2。

表 2-1　事件符号表

符号	名称及意义
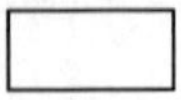	事件（或输出事件） 由若干原因事件的组合引起的事件，原则上表示缺陷事件
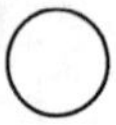	基本事件（或底事件） 展开 FT 时，不能再展的事件
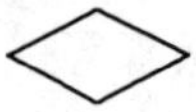	不展开事件（或省略事件） 实际上可以展开，但因缺乏资料或再展开无意义成为不再展开的事件
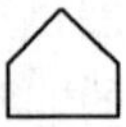	正常事件 不是故障或缺陷，是正常发生的事件，不再展开
	转移符号 两个符号成对，并与事件符号结合使用。表示有竖线的三角形下方展开的 FT 分支，即转入分支，与有横线的三角形下方展开的分支，即转出分支相同 （在三角形内标以文字或符号以便识别）

表 2-2 逻辑符号表

符号	名称及意义
	AND 门（与门） 表示输出事件由输入事件的逻辑积产生，即在全部输入事件都存在时，输出事件才发生
	OR 门（或门） 表示输出事件由输入事件的逻辑和产生，即至少一个输入事件发生，输出事件就发生
	禁门（限制门） 表示输入事件发生且满足必要条件时，才产生输出事件

2.2.3 最小割集与最小路集

割集是导致顶事件发生的底事件的组合，如果某一个割集中的组合任意删除一个后就不再是一个割集，这个割集就称之为最小割集。对于一个生产系统来说，任何故障树的顶事件都是一个，而且任何故障树都是由有限个最小割集组成。当故障树的顶事件发生时，只要检测出某底事件也发生了，就能够最先排除和此底事件没有关联的最小割集，然后依据其发生的概率进行排序，继而找到故障发生的原因。在分析过程中，最小割集也经常能用来预测系统发生故障的规律。图 2-5 所示为故障树的基本框图，从图 2-5 中可以看出有三个割集分别为 $\{X_1\}$、$\{X_2, X_3\}$、$\{X_1, X_2, X_3\}$，而仅有 2 个最小割集为 $\{X_1\}$ 和 $\{X_2, X_3\}$。

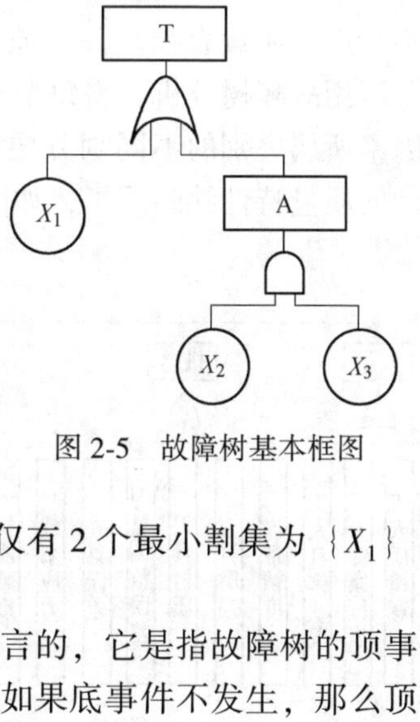

图 2-5 故障树基本框图

路集的定义和割集是相反的，是相对于割集而言的，它是指故障树的顶事件不发生的情况即正常模式。在进行故障树分析时，如果底事件不发生，那么顶事件就肯定不会发生。最小路集为减少控制系统故障发生率提供了技术支持。同时也是预防故障发生的一种途径。

2.3 关键质量特性影响因素提取

2.3.1 加工过程关键质量特性缺陷因子分析

在产品生产加工过程中，如果构成关键质量特性的缺陷因子出现异常情况，就会导致产品质量的波动，为了能够对产品质量进行良好的控制，就需要尽可能消除质量特性缺陷因子。运用故障树分析造成质量波动的质量特性缺陷因子，如果产品的质量特性因子出现问题就可能会导致产品质量的异常波动。而本节主要对关键质量特性的缺陷因子进行一定的研究，尽最大可能分析出所有相关的缺陷因子，为产品的生产加工过程关键质量特性的控制做好基础预防工作。

生产加工过程作为一个庞大的制造系统的一部分，其构成大致可以分为 6 个子系统，包括人、机、料、法、环、测子系统。最终的产品质量水平取决于 6 个子系统的控制程度，子系统中任何一个系统出现问题，都会导致质量的某一特性发生变化，反之如果产品质量发生异常波动，就可以断定肯定是由于 6 个子系统中的某一个或几个系统发生异常所引起的。

产品的加工过程是一个非常复杂的生产制造系统，其涉及多源、多因素和多变量等条件，存在高耦合、非线性和非定常性等特征。复杂产品的质量特性越多，其加工过程也就越复杂，导致产品质量变化的因素就会越多。产品质量特性的目标值与实际值之间存在的差距称之为关键质量特性的波动。产品关键质量特性在生产过程中出现波动属于正常现象，但是波动要控制在一个合理的范围内，才不会造成质量影响。关键质量特性的波动性将影响整个生产加工系统的稳定性。运用故障树分析，将每个子系统可能对质量造成影响的因素考虑全面，根据各因素所属类别的不同划分层次结构。按照 FTA 技术分析可能造成活塞环质量波动的质量特性缺陷因子，如图 2-6 所示。

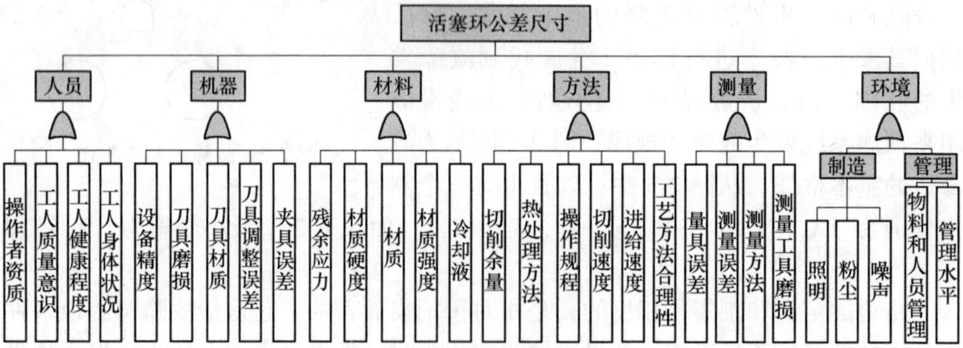

图 2-6　活塞环公差尺寸缺陷因子分析结果

2.3.2　建立关键质量特性影响因素评估模型

采用 FTA 找出各个子系统的缺陷因子后，需要对这些因素进行鉴别操作。这项工作任务主要由质量小组来完成，根据实际数据、专业知识和顾客需求，将状态良好、对质量波动影响不大的影响因素删除，简化分析结构，为制定评估模型提供可靠依据。

本章采用 FTA 技术建立质量特性影响因素层次结构，然后利用 AHP 对层次结构进行评价，并取得影响因素重要性排序从而确定出主要影响因素。针对待控制的关键质量特性，利用 FTA 找出导致关键质量特性波动质量特性缺陷因子。因为层次分析法的基本研究思路和 FTA 的研究思路相同，两种方法都是在对实际问题进行深入研究的条件下，把分析得出的影响因素按层次进行分类处理，同层次的各个影响因素属于上层因素或者对上层因素有一定的影响，同时又支配下层的因素或者受下层因素的作用，因而，可将 FTA 分析图转化成质量特性影响因素的层次结构模型，如图 2-7 所示。

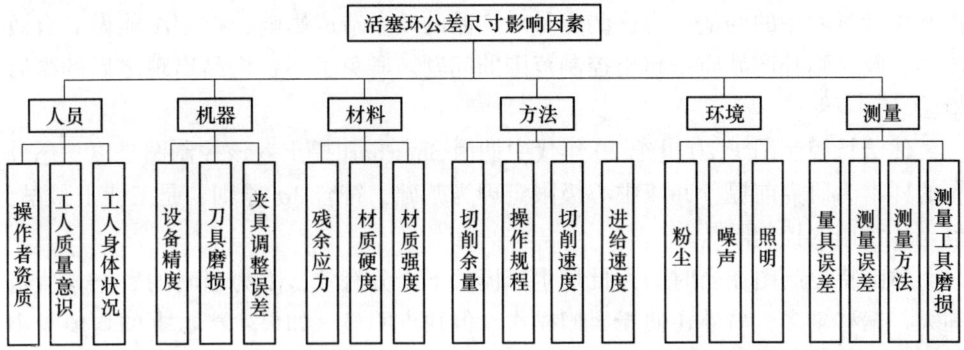

图 2-7 活塞环公差尺寸波动的影响因素

3 支持向量机理论及可行性分析

3.1 基于控制图的预测方法及人工智能方法

控制图作为最常用的数据统计工具，被人们广泛使用在生产过程中，并用其控制生产过程中的变量，当这些变量对产品的质量造成影响，控制图能做到有效监测，及时弥补产品质量超出控制范围的问题。避免了不合格品出现之后的事后检验。

休哈特控制图于20世纪20年代中期由Shewhart提出。该控制图是以正态分布的样本为研究前提，并以中心极限定理为基础，符合3σ原则，是工业上最早，也是最常用的控制图[19]。

休哈特控制图在当时的大批量生产模式下十分有效，因为当时的数据均值范围大，偏移量多，另外还便于人们操作。但缺点明显，如果生产数据的均值较小或偏移量小时，这种控制图就显得不太灵敏。为了弥补这一缺陷，提高控制图对小偏移量的控制，Page和Roberts在原有数据的基础上进行处理，从而得到了累积和控制图（CUSUM）[20]和指数加权移动平均控制图（EWMA）[21]。此后，Morton K和Zhang X提出以链规则的形式进行检验[22,23]。然而这些控制均是一维的数据，对于高维度的参数，取得的效果并不好。在1947年Hotelling提出了多元统计控制理论和与之对应的T^2控制图[24]，解决了对高维度数据难以处理的问题。而针对小偏移量的问题，Joao T M和Montgomery D C提出了$\bar{x}$-EWMA控制图[25,26]。Woodall和Ncubez在1985年提出多元累积控制图（MCUSUM）和多元指数加权移动平均控制图（MEWMA）[27]。

而后很多学者在此基础之上进行研究，Xie[28]将MEWMA控制图应用到参数分布服从二维指数的质量控制中，结果取得了较好的效果。Yeh等人提出了EWMA-V和EWMA-M控制图[29~32]，主要针对高阶变量和过程平均值进行检验。Capizzi与Liu等人，在此基础上进一步改进，提出了MEWMA控制图，将研究的重点转移到数据的残差和控制图的平滑系数的选择问题中去[33~36]。

国内对于质量控制图的研究较国外起步稍晚，在借鉴和学习外国学者的理论基础后，国内学者的研究思路主要有以下几种：

（1）保留原始数据，针对数据进行精确分析，构造详尽的分布趋势，微小调整控制图上下界限，增大容错概率，使控制更加精准。国内大多数学者从事的质量控制理论研究主要在这方面[37~40]。

(2) 在原始数据的基础上，利用其他相同或者类似的工序数据，通过增加插值，来克服数据样本少的不足，构造出了大样本数据，从而满足传统的休哈特控制图[41~45]。

(3) 使用在休哈特控制图基础上改进的控制图，这些控制图比休哈特控制图更敏感，在高维度和小偏移量上有自身的优势[46~50]。

国外应用人工智能算法来预测需求的研究开始较早，其中最常用的是采用回归算法预测经济问题[51]。Luxhoj 和 Stensballe 等对产品的销售额进行了预测，利用了神经网络与经济统计模型，对销售额这种数据呈非线性分布这一特点进行了分析、预测。Chen 和 Simchi-Levi 利用指数平滑法预测消费者需求，将生产和销售分为两个供应链研究，消除了因中间环节过多而导致的需求量激增的问题[52]。

而后，人工神经网络法逐步盛行，它是模拟生物的大脑神经元处理、分析信息的功能，对数据分布进行处理的一种算法。Box 和 Tiao[53]于 20 世纪 70 年代中期，在工程控制领域提出了一种空间模型，后经 Halvey 和 Aold[54]的继承并将其应用到经济领域，发展成为了人工神经网络。Hopfield[55]引入能量函数，发展出一种新的计算方法，逐步形成了 Hopfield 网络，对神经网络的研究做了补充，自此许多学者开始投入到对神经网络研究中去。

Du 和 Wolfe 研究了神经网络在工业生产中应用的细节，主要体现在设施规划、在制品库存预测等领域[56]。Gaafar 和 Choueiki 运用人工神经网络确定大批量物资规划调度的需求量问题，使每个集散地满足固定的最低需求量[57]。Shervais 和 Lendaris 等[58]采用排队论与神经网络混合的方法预测在需求量不平稳环境下配送系统物流量大小的问题，并确定配送节点的最佳库存。Aburto 和 Weber[59]将自回归模型应用到对供应链管理需求的预测中，并结合神经网络开发出了一套预测仓库补充库存的配货系统。

Markrudakis 等人[60]为了验证人工神经网络的有效性，首先收集若干真实的数据，把这些真实数据分为两部分，保留前一部分数据作为建立模型时的训练数据，之后对其趋势进行预测，将得到预测数据与后一部分实际数据进行对比，根据误差量来评价预测方法是否优秀。Hill 等[61]采用 Markrudakis 的方法对混合预测模型、自回归模型等常用模型与人工神经网络模型进行了深入的对比研究，最终得出结论，即人工神经网络优于其他模型，特别是在数据呈现非线性时，预测的准确性更加明显。Marquez[62]经过研究发现神经网络具有很强的容错能力，在预测及回归分析领域中有很强的联想能力和适应力，可以反映各个变量中不明显的非线性关联。人工神经网络对数据的拟合度很高，对于一些原始数据符合多元函数的形式，其预测数值几乎接近真实函数值，满足预测所期望的效果。Dutta

和 Shekhar 等在经济领域的使用中，发现人工神经网络对小样本的拟合度明显优于传统的回归模型[63]。

在机械加工方面，Nadia 在金属切削实验中，用神经网络来预测加工的精度，切削之前就可以详细了解加工后零件的尺寸，在避免出现过紧或过疏配合的问题中取得了较好的效果[64]。Azouzi 在设计车削实验中，分别将车削时的速度、零件尺寸、切削力作为人工神经法的输入参数，来对加工零件的质量进行预测[65]。

与国外学者相比，国内研究人员在研究预测问题上，分成两派，一派应用灰色系统理论，另一派更加倾向于采用优化的神经网络方法。

邓聚龙教授于 20 世纪 80 年代提出了灰色系统理论，灰色系统理论是在数理统计上建立的一种新方法，主要针对小样本、贫信息、不确定性的问题，实现对整个系统监控，并正确表述其演化规律，目前已广泛应用到社会、农业、工业、生态、生物等诸多领域当中。曾波，孟伟等人应用灰色系统建模技术建模，基于“核”和“灰度”两个关键点，对象拓展至“异构数据”，对灰色数据进行异构范化处理，建立以“核”为基础的 DGM(1，1) 模型，根据灰度不减公理建了灰色异构数据预测模型，用于预测某地震地区对帐篷的需求量[66]。周庆元根据江苏省历年粮食产量进行了预测，运用改进的灰色预测模型，预测结果表明该预测方法能够达到一个较高的预测精度[67]。单今乐和肖依[68]两位学者提出了一种基于时间序列的组合预测模型，运用移动平均和灰色预测理论，结果显示该模型较以往的预测方式精度提高。国内学者对神经网络方法的关注度明显要高于灰色理论，并在神经网络方法的基础上做了多方面的优化，有些学者甚至将其与灰色系统理论相结合，不仅提高了预测的精度，甚至扩大了应用范围[69~74]。

3.2 多品种小批量生产特点

自 20 世纪 90 年代以来，市场中各企业的竞争逐渐加剧，轻工业也逐渐发展壮大起来。在老工业时期，企业生产效率低下，可以完全不考虑需求量这一因素，但是随着计算机集成制造系统、敏捷制造、智能制造等制造技术的发展，企业不可能再像以前那样进行粗犷式生产，而是要从大批量生产转变为大规模的定制生产，最终发展成为多品种、小批量生产。随之而来的是生产模式的转变，由刚性生产逐步转向以柔性为主、计算机智能辅助生产为基础的生产模式。据统计，西方及日本等发达国家，有近 3/4 的制造业企业正在采用多品种、小批量的制造模式进行生产，而我国正在逐步接近并赶超这一数字。由此可见，多品种、小批量生产制造模式必定是未来制造业的主要生产模式，在我国生产制造企业中占有重要的地位。

多品种小批量生产具有以下特点：

(1) 生产制造的产品种类多样化，批量小，专用性强。为了满足客户个性化的订单需求，就必须按订单生产，客户需要什么就生产什么，为了满足特定的客户定制，往往有些产品需要轮番生产，根据交货期的不同，产品不能保证持续连续生产。为了严格按照顾客的订单要求进行生产，产品的互换性差，专用性比较强。这就意味着，生产中不存在试验环节，如在航空航天领域，制造成本高，周期长，试制阶段就是正式生产阶段，这给质量控制方面带来诸多的困难。产品的种类相当繁多，批量较少，以家具企业为例，有的时候一天往往要生产出十多种产品投入市场，并且需要根据客户要求的形状、款式以及用料配置等方面进行个性化的设计。

(2) 生产过程工艺复杂，参数多样化，加工方法不统一。对于多品种、小批量生产，加工方法不同，对应的工艺路线也不同，因顾客个性化需求，工艺就有其特定甚至单一的模式，这使得产品工艺复杂，工艺路线复杂，工艺不同相互交错。例如加工改换频繁，设备调整频繁，多种产品需要同时排队等候同一台机器设备加工，造成该地区的半成品拥堵，在制品积压严重，形成加工瓶颈。甚至出现后续的加工工艺中又返回到上游，用同种设备再次加工，特别是在工艺流程生产复杂的产品上，加工曲线迂回交错，多种产品并行生产，上述情况更容易发生。还有一种情况正好与之相反，即生产中利用该种加工设备较少，但该工艺又无法取消，造成设备的浪费。

(3) 自身以及外界环境条件多变，具有不确定性。顾客个性化的需求的差异，造成订货规格不统一，数量不确定，交货期限经常变化，经常需要边生产边更改工艺流程，甚至客户会提出临时增加订单，企业可能会出现不能及时采购原材料，因加急生产而导致质量不可控，产生大量的不合格废品，致使最终无法及时交货，如果加班生产，设备长时间超负荷运转，又有可能引起故障造成停工，甚至会影响到其他订单的生产。

(4) 生产计划与控制繁琐，监管困难。由于产品种类多，订货规格不统一，数量不确定，交货期限经常变化，产品整体设计和工艺流程复杂多变，工艺计划难度较大，生产控制难以最优化。产品种类繁多，相应的部件单元种类也更多，部件单元加工需要按照一定的工序进行，这就造成半成品需要频繁地在各工序之间来回往复，又因产品种类不同，各部件单元具有专用性，无法通用，互换性较差，且加工复杂，很难像大批量生产那样采用流水线的生产方式来生产。产品的加工组装需要完整性，而小批量生产常常会因为客户需求订单发生了变化或者临时加单，生产计划就必须随之改变，可能会造成外包件无法及时供应，产品缺少零部件而无法继续生产，设备闲置造成大量浪费，正常的生产计划无法完成，给控制也造成巨大困难。生产计划和工艺的频繁变更，造成质量控制疏忽，上一工序的不合格品流入下一道工序需要重新返工、返修和停工等都会对计划工作的实施造成影响。

（5）生产管理具有动态性。具体到每个生产企业生产车间情况都各不相同，比如生产复杂多变、设备故障、人员旷工且合格工人少等情况时有发生。一些企业生产管理层缺少理论指导，仅靠经验，靠直觉办事，难以实行有效的、规范的管理，导致在制品积压，库存增大，不合格品较多，无法获得很好经济效益。有时企业订单量不稳定，订单少的时期，例如 2008 年经济危机时期，为了节约成本，帮助企业渡过难关，大量操作工人被裁员，而当经济复苏时，订单量激增，这时人员缺口巨大，造成了大量出现的用工荒，临时工人往往是新手，技术不熟练，很难满足技术需要，造成产品质量下滑，出现大量不合格品。这些都造成了管理上的不便，管理动态性增加。

以上特点都会造成企业库存增加，产品不良率增加，员工数量不稳定，交货期无法得到保障，致使企业成本增加，效率低下。

3.3 学习机基本理论

机器学习是以样本的观测数据为出发点，利用对目前未得到认可的规律去研究客观现象，能够对未来数据进行前期预测的一种现代化智能技术。在现实世界里，存在人类脑力无法预测的事物，因而人们对计算机学习的渴望更加迫切，近几年，计算机技术被应用在社会、科学、经济等各大领域。

机器学习中的分类问题就是对具有规律性的事物进行分类。将归类事物进行预测或者估计的问题称为回归问题。这其中存在以统计学为理论依据的多种计算机知识，如神经网络、模式识别等。传统的统计学理论是一种渐进理论，其应用的假设条件是目标样本容量趋于无穷大。但是在现实采取样本时，样本容量有限，很多方法计算结果并不能达到预想的假设值。

基于经典统计学理论提出的学习机方法中，存在样本数量少，数据挖掘难度大等问题，Vapnik 等提出了自己的观点，他认为虽然无法完整清晰地描述上述变量和对应的数据模型，但是这些变量和对应的数据模型中包含着许多相似的规则，利用这些规则可以有效地预测未来的变化趋势，解决所要研究的问题。考虑上述因素，Vapnik 总结出一套学习理论，即不去求解函数，而是考虑变量和对应的数据模型之间的内在联系，在给定的已知样本数据中，对变量预测。而后这套理论不断发展，形成了今天的统计学习理论（statistical learning theory，SLT）。

1990 年以后，Vapnik 等提出了支持向量机（support vector machine，SVM）理论，因为他在后续的研究中发现，之前的理论在实际应用中，常常存在输入变量维度偏低的问题，无法解决实际遇到的高维度情况，所以又提出了这套理论。本节将对该套理论进行简单介绍和分析，以说明对预测的理论可行性。

3.3.1 常规机器学习

学习问题一般都可以抽象成三个模型，分别是输出器（Output）、系统（System）和学习机（Learning Machine）。

输出器——产生随机向量 $\boldsymbol{x} \in \mathbf{R}^m$，其中 $\mathbf{R}$ 是实数，m 表示向量的维度。

系统——对每个输入的向量 $\boldsymbol{x}$ 进行处理，而后返回得到一个输出值 y。

学习机——实现一定学习要求的函数 $f(\boldsymbol{x}, a)$，$a \in A$。其中 A 是参数集合，它能对每个输入向量 $\boldsymbol{x}$ 进行处理，而后返回得到一个输出值 $\hat{y}$，但是 $\hat{y}$ 不唯一，满足 $\hat{y} = f(\boldsymbol{x}, a)$，$a \in A$。

学习的问题就是选择反馈函数，这个函数来自于之前给定的函数集合，并且该反馈函数能够最好拟合系统数据。这种选择是基于训练，在函数集 $\{f(\boldsymbol{x}, a), a \in A\}$ 中根据联合分布 $F(\boldsymbol{x}, y) = F(\boldsymbol{x})F(y | \boldsymbol{x})$ 选取 l 个独立、同分布的值 (x_1, y_1)，(x_i, y_i)，…，(x_l, y_l)。并且引入损失函数 $L[y, f(\boldsymbol{x}, a)]$，一般用拉格朗日函数表示，给定一个输入变量 $\boldsymbol{x}$，系统对这个输入变量处理过后，输出变量 y，而后学习机给出 y 与 $\hat{y} = f(\boldsymbol{x}, a)$，$a \in A$ 之间的差异。

对该损失函数求期望得到风险泛函为：

$$R(a) = \int L(y, f(\boldsymbol{x}, a)\mathrm{d}F(\boldsymbol{x}, y) \tag{3-1}$$

学习目标就是寻找函数 $f(\boldsymbol{x}, a)$ 使它在 $\hat{y} = f(\boldsymbol{x}, a)$，$a \in A$ 上最小化风险泛函 $R(a)$。

上面描述的学习问题包括了很多的特殊问题，但本书涉及的典型学习问题是求解回归函数问题。

此时，$y \in \mathbf{R}$，$f(\boldsymbol{x}, a) \in \mathbf{R}$，$a \in A$，常取损失函数：

$$L[y, f(\boldsymbol{x}, a)] = [y - f(\boldsymbol{x}, a)]^2 \tag{3-2}$$

寻找一个函数 $f(\boldsymbol{x}, a) = \int y\mathrm{d}F(y/\boldsymbol{x})$，使其极小化得到 $R(a)$，函数 $f(\boldsymbol{x}, a)$ 就是所求的回归函数估计。

这样，我们得到了学习问题的一般表示：给定独立同分布 $F(y)$ 的训练样本集 $\{y_1, y_2, \cdots, y_n\}$ 及学习机所能执行的函数集 $\hat{y} = f(\boldsymbol{x}, a)$，$a \in A$，学习目标就是最小化 $R(a)$：

$$R(a) = \int Q(y, a)\mathrm{d}F(y) \tag{3-3}$$

式中，$Q(y, a)$ 为损失函数。

学习问题也可以表示为：输入一组无关样本，该样本满足同分布，训练该组样本得到最小化风险泛函 $R(a)$，并确定学习机的参数 a 的过程。

3.3.2　VC 维理论

VC 维是关于函数集学习性能的最重要的指标，用其表述学习过程的收敛的速度和训练的推广性。VC 维直观的定义是：存在一个指定的集合，其中存在 h 个单一子集，集合中至少存在一个函数能够把这 h 个单一子集以 h 种形式分开，并且包含所有可分的可能性，则称函数集能够把 h 个单一子集分散，此时，该函数能分散的最大单一子集数目 h 就称为此函数集的 VC 维。其中还存在一种特殊形式，对于集合包含无穷多的单一子集情况，如果集合中总存在一个函数可以分散它们，则该函数集的 VC 维便是无穷大。用数学描述为：假定多维空间 R^N 中有 h 个样本 (x, y)，$x \in R^N$，$y \in \{-1, 1\}$，F 是 $R^N \rightarrow \{-1, 1\}$ 的某种函数集，$S \in R^N$ 是所有样本数为 h 的集合，其中 $d_F(S)$ 表示由 $f \in F$ 对 S 产生的不同分割数，$d_F(h) = \max d_F(S)$ 。若 $d_F(h) = 2^h$ ，则表示 $d_F(h)$ 能实现 S 中所有 2^h 个可能的分割，即此时，称 S 可被 F 细分，函数集 F 的 VC 维定义为：能被 F 细分 S 的最大元素数。也就是能使 $d_F(h) = 2^h$ 的取得最大 h 值。

对于函数集学习性能，常用 VC 维来描述，它是整个学习理论中最核心的概念。一般而言，学习机器的学习能力越强，VC 维的数值就越大，学习机器对样本数据处理的复杂度也就越高，这样就容易导致生成的学习机器模型容错能力降低。可是确定 VC 维是十分困难的，只有一些特殊集合的 VC 维可以准确知道，例如在 n 维实数空间中，存在两种线性函数，它们的 VC 维是 $n+1$。而对于一些类似于神经网络的比较复杂的学习机器，确定其 VC 维不仅要考虑集合大小，还需要考虑算法和其他参数的影响。所以目前还没有一种通用的方法，可以计算所有函数集的 VC 维，如何运用统计学习理论或者其他有效的实验方法，计算并确定其 VC 维仍是当前待解决的一个难题。

3.3.3　经验风险最小化原则

在未知分布 $F(y)$ 下，无法最小化式（3-3）。在需要解决的实际问题中，问题的概率分布同样是未知的，只能分析集合中的数据来提取信息。因此，无法直接计算期望风险并将其最小化。

通常的做法是以大数定律思想作为指导，定义一个算术平均值的变量（如式（3-4））来逼近式（3-3）中的期望风险。

$$R_{\mathrm{emp}}(a) = \frac{1}{l} \sum_{i=1}^{l} L[y_i, f(x_i, a)] \tag{3-4}$$

由于 $R_{\mathrm{emp}}(a)$ 是根据经验来获得的数据，是原本就已知的变量，因此被称为经验风险。经验风险最小化（ERM）原则就是将经验风险 $R_{\mathrm{emp}}(a)$ 最小化代替期望风险 $R(a)$ 最小化。

首先这只是人们凭直觉做的替代，仔细研究经验风险最小化理论，使用经验风险最小化代替期望风险最小化并没有可靠的理论依据，在机器学习问题中的期望风险最小化要求也没有相关理论。首先 $R(a)$ 和 $R_{\mathrm{emp}}(a)$ 都是函数，根据概率论中的大数定律的要求，只有当样本数目趋向于无穷大时，$R_{\mathrm{emp}}(a)$ 才会趋近于 $R(a)$，但还是不能保证 $R_{\mathrm{emp}}(a)$ 和 $R(a)$ 取得最小值时 a 值相同。

为了解决上述的问题，首先分解函数集 $\hat{y}=f(x,\ a)$，$a\in A$，研究的问题就由函数集合变成一个由函数子集、各个子集满足式（3-5）组成的特殊序列：

$$S_1 \subset S_2 \subset \cdots \subset S_n \subset \cdots \subset S \tag{3-5}$$

然后确定每个子集的 VC 维大小，分别用 h_1，h_2，…，h 表示。然后按从小到大的次序进行排列，即

$$h_1 \leqslant h_2 \leqslant \cdots \leqslant h_n \leqslant \cdots h \tag{3-6}$$

原理如图 3-1 所示。

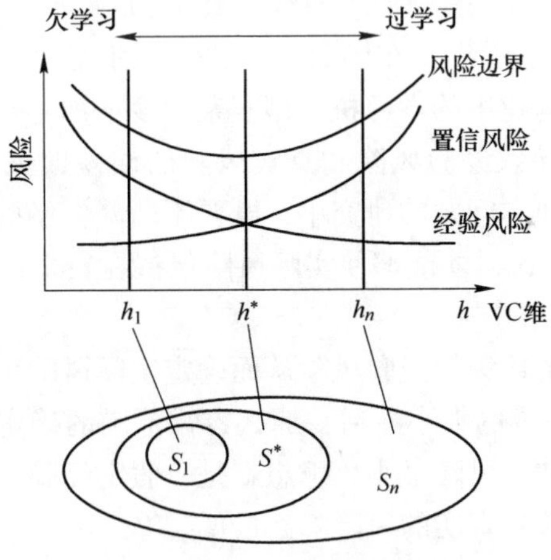

图 3-1 风险最小化原理图

经验风险最小化原则为研究理论性的结构风险最小化提供的设计思路，为设计更加科学的学习机器提供了保障，为了实现这一原则，研究人员做了大量的研究，最后总结出两种常用方法。第一种，在集合中的每个单一子集里求最小化的风险，选择风险最小的和容错系数之和最小的子集，但是，如果单一子集数目很大，甚至是无穷时这种方法便不再适用。第二种，设计一种方法使集合中每个单一子集都可以取到最小的经验结构风险，然后从中选取容错性最小的子集，则选中的子集中的最小化风险函数就是最优函数。

3.3.4　复杂边界与推广性

上一节运用学习机理论对各种函数集进行了系统的研究，介绍了经验风险、实际风险两者之间存在的关系，而对于分类问题，通常的做法是将函数分为风险最小化函数与和经验风险最小化函数。

经验风险 $R_{emp}(\alpha)$ 和实际风险 $R(a)$ 之间至少满足 $1-\eta$ 的概率关系：

$$R(a) \leqslant R_{emp}(a) + \sqrt{\frac{h\left(\ln\frac{2l}{h}+1\right)-\ln\frac{\eta}{4}}{l}} \tag{3-7}$$

式中，h 为函数集的 VC 维的量；l 为数据样本的个数。

可见，实际风险由两部分组成：一部分为经验风险，也就是训练误差；而另一部分为容错范围，也称为 VC 维的信任，容错范围与 VC 维的大小和数据样本的个数有关。式（3-7）可简化为下列函数关系

$$R(a) \leqslant R_{emp}(a) + \phi\left(\frac{l}{h}\right) \tag{3-8}$$

从式（3-8）中可以看出，在函数集的 VC 维过大时，如果此时所研究问题数据样本有限，那么构建出的学习机模型复杂程度增加容错范围变大，不但没有减小风险误差，反而导致经验风险和真实风险的误差偏大，造成“过学习”现象。因此，在对有限样本问题的研究中，既要不断降低经验风险，同时也应该有效控制 VC 维的大小，这样才能够使实际风险保持在较低的水平，从而保证模型的推广性能。

一般说来，计算函数集的经验风险从而确定实际风险范围是很困难的。但是如果在知道函数集 VC 维的大小 h 后，那么容错范围的确定就比较容易，从而推算出实际风险范围。结构风险最小化思想就是，假定经验风险不变，如果可以缩小容错区间，也就能够将真实的风险降到最低。

3.4　支持向量机理论

支持向量机（support vector machine，SVM）是 Vapnik 等于 1995 年首先提出，理论最初来自于对样本进行回归与分类问题的处理，并满足学习机理论结构风险最小化原则，它是统计学理论中最新、最实用的部分。其思想的核心内容是基于 Mercer 定理，把一个在低维度的难以分类回归的问题，通过一个非线性映射 ϕ，转化为高维度空间或者无限维度空间，将寻找分类的直线，转换成寻找最优超平面，这样就可以非常容易地得到最优解。此种方法在全局进行搜索，能够保证找到的极值解就是最优解。

3.4.1 基本模型

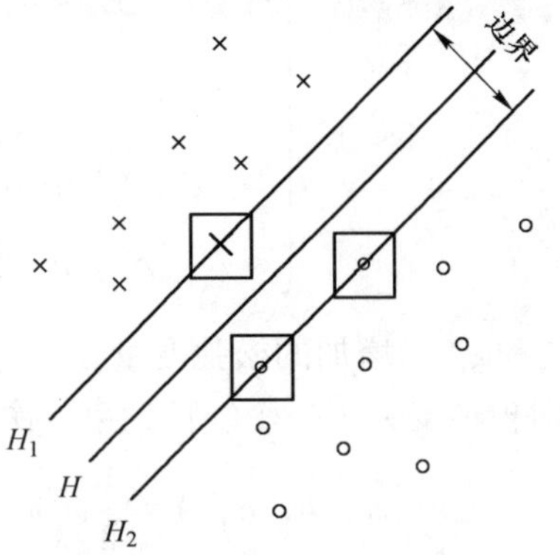

图 3-2 最优分类面

支持向量机的基本思想如图 3-2 所示，它是把高维度的模型抽象成为平面模型。用直线代替空间平面，求出最优分类。图 3-2 中圆圈和×分别代表两类不同的样本数据，其中划分线为 H，H_1、H_2是与之平行的两条直线，要求 H_1、H_2把两类样本分类，它们之间的间隔被称为分类间隔。当此间隔取到最大值时，就称 H 为该模型的最优划分线，此时训练的正确率为 100%。H_1、H_2可以正确地把样本分类，保证经验风险最小化，H_1、H_2最大间隔则保证了容错率最小，从而使实际风险最小。应用到实际的多维空间，此最优划分线就是模型的最优超平面，且模型此时的结构风险最小。

3.4.2 线性可分支持向量机

分别对判别函数量纲进行统一，使两类函数中所有样本集 (x_i, y_i)，$i = 1, \cdots, n$，$x \in R^d$，$y \in (-1, 1)$，都满足$f(x) = w \cdot x + b$，且分类面对所有样本都能正确进行。

引入线性函数：

$$f(x) = w \cdot x + b \tag{3-9}$$

此时分类间隔等于 $\| w \| /2$，转化为使 $\| w \|^2$ 最小，此时分类最优，实际风险最小。使实际风险最小就是对推广性的控制。因此，最优分类问题可以表示成如下的约束优化问题：

$$\phi(w) = \frac{1}{2} \| w \|^2 = \frac{1}{2}(w^{\mathrm{T}} w) \tag{3-10}$$

如果存在样本不能够满足条件，上述优化问题无法被约束，可以通过增加松弛变量 ξ、ξ^*、ξ_l、ξ_l^* 来解决。

上述的优化问题就可以转化为：

$$\min R(w, \xi, \xi^*) = \frac{1}{2} \| w \|^2 + C \sum_{i=1}^{l} (\xi_l + \xi_l^*)$$

$$\text{s. t.} \begin{cases} f(x_i) - y_i \leqslant \varepsilon + \xi_i \\ y_i - f(x_i) \leqslant \varepsilon + \xi_i^* \\ \xi_i, \xi_i^* \geqslant 0 \\ C > 0 \end{cases} \quad (i = 1, 2, \cdots, l) \tag{3-11}$$

式中，ξ_i和 ξ_i^* 为增加的松弛变量。

此时模型变为了一个线性约束二次型。引入拉格朗日方程即

$$L(w, b, a,) = \frac{1}{2}w^{\mathrm{T}}w - \sum_{i=1}^{l} a_i[y_i(w^{\mathrm{T}}x_i + b) - 1] \tag{3-12}$$

分别对 w，b，a_i 求偏微分并令它们等于 0：

$$\begin{cases} \dfrac{\partial L}{\partial w} = w - \sum\limits_{i=1}^{n} (a_i - a_i^*) \cdot x_i = 0 \\ \dfrac{\partial L}{\partial b} = \sum\limits_{i=1}^{n} (a_i - a_i^*) \cdot x_i = 0 \\ \dfrac{\partial L}{\partial a_i} = C - a_i - \gamma_i = 0 \end{cases} \tag{3-13}$$

把原问题转化成对偶问题：

$$\max W(a, a^*) = -\frac{1}{2}(a_i - a_i^*)(a_j - a_j^*)K(x_i \cdot x_j) + \sum_{i=1}^{l}(a_i - a_i^*)y_i - \sum_{i=1}^{l}(a_i + a_i^*)\varepsilon \tag{3-14}$$

$$\text{s. t.} \begin{cases} \sum\limits_{i=1}^{l} (a_i - a_i^*) = 0 \\ 0 \leqslant a_i, a_i^* \leqslant C \end{cases} \quad (i = 1, 2, \ldots, l)$$

且该对偶问题满足以下条件：

$$\begin{cases} \sum\limits_{i=1}^{l} (a_i - a_i^*) = 0 \\ 0 \leqslant a_i, a_i^* \leqslant C \end{cases} \quad (i = 1, 2, \cdots, l) \tag{3-15}$$

其中，C 的取值由研究者定义。

求解上述方程，得到线性回归模拟函数的参数 w。

此时方程转化为：

$$f(x) = \mathrm{sgn}[(w^*)^{\mathrm{T}}x + b^*] = \mathrm{sgn}\left(\sum_{i=1}^{n} a_i^* y_i x_i^* x + b^*\right) \tag{3-16}$$

3.4.3 线性不可分支持向量机

但在很多实际问题中，要研究对象的训练样本数据往往是线性不可分的。

在高维度空间中选择最优超平面问题，通常的算法是使用高维空间积。即 $\varphi(x_i)\cdot\varphi(x_j)$。因此，如果函数集中存在某个函数 K，可以使 $K(x_i, x_j)=\varphi(x_i)\cdot\varphi(x_j)$，只要用非线性映射 $\varphi(x)$ 替代空间里的变量 x，然后在高维空间里对变量 $\varphi(x_i)$ 与 $\varphi(x_j)$ 之间的进行内积计算即可，那么对原始样本的分类问题就转化为高维空间内最优平面的选取问题，此时并没有使模型的复杂程度增加，因为无需知道非线性的射函数就可以求解。其中，函数 K 为支持向量机的核函数。

此时超平面满足：

$$y_i(w^T x_i + b) - 1 + \xi_i \geqslant 0 \quad (i = 1, \cdots, n) \tag{3-17}$$

相应的目标函数为

$$W(a) = \sum_{i=1}^{l} a_i - \frac{1}{2}\sum_{i=1}^{l} a_i a_j y_i y_j K(x_i \cdot x_j) \tag{3-18}$$

最后得到相应的分类函数为：

$$f(x) = \mathrm{sgn}[w \cdot \phi(x) + b] = \mathrm{sgn}\left[\sum_{i=1}^{l} y_i a_i K(x_i x_j) + b\right] \tag{3-19}$$

3.5 理论可行性分析

从前面对多品种、小批量产品的生产模式特点可以看出，预测此种生产模式下的质量存在的最大问题就是样本数据少，且样本数据非线性。支持向量机理论是学习机模型中解决小样本问题较好的方法，其对非线性的处理能力强于传统人工智能方法中的人工神经网络等方法。它能够解决对小样本数据回归能力弱，和陷入过学习等问题。

从理论层面分析，支持向量机方法可以解决多品种、小批量生产模式下样本数据少，且样本数据非线性的问题，用其来预测产品质量是可行的。因此，本书尝试用支持向量机方法来预测多品种、小批量生产模式下的质量问题，以检验其在质量预测方面的效果，并希望对质量预测的研究提供帮助。

3.6 核函数概述

3.6.1 核函数的基本概念

在支持向量机的方法中存在两项关键理论，一个是经验风险最小化与结构风险最小化，其直接决定了划分平面的间隔；另一个则是 3.4.3 节中提到的 K 函数，即支持向量机的核函数，通过非线性核函数的转化，将低维空间里难以解决的非线性问题抽象到高维空间里，把问题转化为在高维度空间中选择最优分类超平面，从而解决实际的预测问题。

3.6.2 Mercer 定理

Vapnik 等人发现在高维度空间中通过选择最优超平面，只要使用高维空间内积进行计算，无需知道非线性的射函数就可以求解。根据支持向量机理论，只要这种内积的形式满足 Mercer 定理条件，就可以用作支持向量机理论的 K 函数，即核函数。

其中 Mercer 定理的定义如下：

对于任意的对称函数 $K(x, x')$，存在一个非恒等于零的函数 $\varphi(x)$，当 $\int \varphi^2(x)\,dx < 0$ 时：

$$\iint K(x, x')\varphi(x)\varphi(x')\,dx\,dx' > 0 \tag{3-20}$$

成立。

3.6.3 常用的核函数

只要函数满足 Mercer 定理的条件，那么这个函数就可以作为支持向量机的核函数，核函数的选取直接决定着支持向量机的算法。常用的符合 Mercer 定理的核函数主要有以下几种。

3.6.3.1 多项式核函数

$$K(x, x') = (x \cdot x' + c)^d \tag{3-21}$$

对应多项式学习器，这是一个对称函数，并且满足 Mercer 定理，因此它可以被用作核函数。可以构造如下形式的判别函数：

$$f(x, a) = \mathrm{sgn}\left[\sum_{i \in SV}^{n} a_i y_i (x' \cdot x + 1)^p + b\right] \tag{3-22}$$

式中，i 为支持向量的个数。

对于研究问题所给定的样本数据集，系统的 VC 维大小取决多项式的阶数 p，也就是说，可以通过控制函数的阶层数，从而控制系统的 VC 维大小。尽管特征空间的维数很高，解决现实的多项式子集的 VC 维却可以很低的。当多项式阶数比较高的时候，学习机器模型的准确性比较好，而当多项式数的阶数比较低的时候，学习机器模型的容错能力比较强。

3.6.3.2 径向基核函数

$$K(x, x') = \exp(-\|x - x'\|^2 / 2\sigma^2) \tag{3-23}$$

对应径向基函数学习机器，选用径向基核函数构造的支持向量机的判别函数形式为：

$$f(x) = \mathrm{sgn}\left[\sum_{i=1}^{s} a_i \exp\left(\frac{\| x - x' \|^2}{2\sigma^2}\right) + b\right] \tag{3-24}$$

式中，s 个向量决定径向函数中心位置，参数 σ 取为模型多维空间的半径。

径向核函数特征空间是无限维的，比其他函数泛化能力更强，因此常被用作支持向量机的核函数。

3.6.3.3 多层感知器（又称 Sigmoid 核函数）

$$K(x,\ x') = \tanh[(x,\ x') - c] \tag{3-25}$$

选用 S 型核函数构造的支持向量机的判别函数形式为：

$$f(x) = \mathrm{sgn}\left\{\sum_{i=1}^{s} \alpha_i \tanh[(x \cdot x') - c] + v\right\} \tag{3-26}$$

此式即为常用的人工神经网络的判别函数。

式中，s 为隐层节点的数目；x' 为第一层神经元的权值；α_i 为第二层神经元的权值。

3.6.3.4 样条核函数

$$K(x,\ x') = \sum_{i=0}^{p} x^i x'^i + \sum_{j=1}^{N} (x - r_j)_+^p (x' - r_j)_+^p \tag{3-27}$$

$$\text{s. t.} \quad x_+^p = \begin{cases} x^p & x > 0 \\ 0 & x \leqslant 0 \end{cases} \tag{3-28}$$

采用不同的满足 Mercer 定理的函数将导致不同的支持向量机算法，这是支持向量机算法研究中最重要的一环。

4 支持向量机模型核函数相关参数确定及仿真训练

4.1 质量预测模型核函数的选取

支持向量机预测产品质量的总体思路是将采集到的实际样本数据分成两类，用前一部分数据来训练所建立的模型，根据训练的结果选取合适的核函数，用后一部分数据作为验证模型预测能力的样本，用来评价该模型的性能。本章所做的工作即利用前一部分的样本数据去训练支持向量机的函数，根据实际训练的效果来选取最优的函数，作为基于支持向量机预测质量模型的核函数。其构建模型的流程如图 4-1 所示。

（1）构建模型的输入和输出。从企业实际的数据库中选取一部分作为训练函数的样本，使用这些样本同时作为构建支持向量机模型的输入数据和评价数据。因为训练数据为小样本数据，所以用来训练模型的数据不宜过多，可大致选取 20~40 组数据作为输入数据。如果数据选取得过多，不仅无法满足预测小批量生产模型的基本条件，而且还会提高传统模型的预测精度。

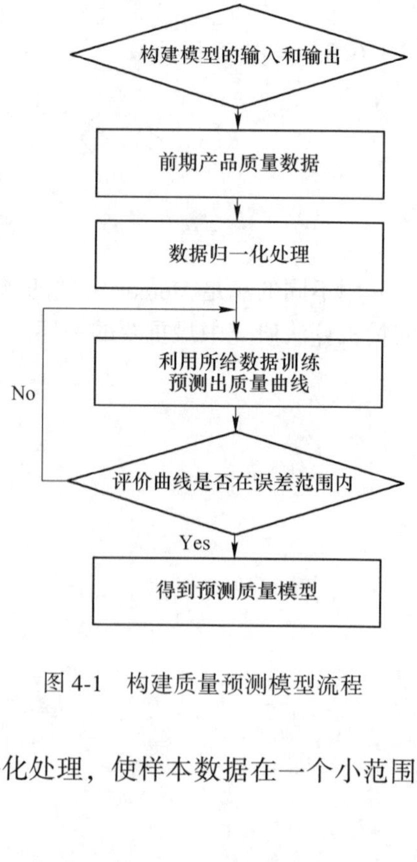

图 4-1 构建质量预测模型流程

（2）训练数据的预处理。用来训练的数据来自实际，这些数据往往波动较大，提前对数据进行预处理可以加快对模型选取的计算速度。一般都选择对数据进行归一化处理。

对样本数据进行预处理。在进行预测时，为避免样本本身数据的数值太大，造成在计算时函数拟合时间过长，甚至无法输出结果，要对样本数据进行归一化处理，使样本数据在一个小范围的区间波动，数据量纲统一，可以消除计算结果出现的噪声。

(3) 支持向量机学习算法模型的训练。根据选择用来拟合训练的质量的数据，依据之前所讲述的方法，在常用的函数中选优，作为预测模型的核函数。

(4) 性能评价。使用训练集的数据对得到的回归函数进行性能的评价，这里主要使用标准误差 SE 和相关系数 R 作为评价指标，具体的计算公式如下：

$$SE = \sqrt{\frac{1}{n}\sum_{i=1}^{n}(\hat{y} - y_i)^2} \tag{4-1}$$

$$R^2 = \frac{\left(n\sum_{i=1}^{n}\hat{y}_i y_i - \sum_{i=1}^{n}\hat{y}_i\sum_{i=1}^{n}y_i\right)^2}{\left[n\sum_{i=1}^{n}\hat{y}_i^2 - \left(\sum_{i=1}^{n}\hat{y}_i\right)^2\right]\left[n\sum_{i=1}^{n}y_i^2 - \left(\sum_{i=1}^{n}y_i\right)^2\right]} \tag{4-2}$$

R 越接近于 1，RSE 越接近于 0，则训练出的函数曲线越接近实际值，所建立的模型具有好的预测能力。

(5) 得到最终的支持向量机核函数。在后续的过程中确定其相关的参数，就可以对质量问题进行预测。

4.2 支持向量机核函数训练仿真

4.2.1 训练数据准备

某公司是一家提供涵盖医学影像设备、数字化医院解决方案、区域医疗、个人健康服务等多个领域服务的企业，从硬件到软件、从技术到服务、从医院到个人、从中心城市到偏远地区，旨在不断地创新与发展技术，关注人们的健康，实现科技创造健康生活。其主要为国内外医院生产不同种类、不同档次的医学影像设备。

医学影像设备的生产过程包括四大工序，有部件组装、整机装配、检测和调试。因为生产工序复杂，每道工序都有可能成为影响产品质量的瓶颈，出现任何问题都会影响最终产品的合格率。并且每台设备的价值都在百万元以上，为了准确找出在未来哪道工序会成为影响产品质量的瓶颈，及时做出调整，预测产品的质量就显得至关重要。

因此，本书选取这四道关键工序的在制品质量作为产品质量的影响因素。由于工艺流程繁琐，加工时间长，当天开始生产的产品一般都不会在当天完成，以产品的出产日期来作为标准，与具体的加工时间无关。每一批次产品各工序合格率以及产品的合格率可以记为：

$$(y, x_1, x_2, x_3, x_4) \tag{4-3}$$

式中，y 为产品的合格率，x_1，x_2，x_3，x_4 分别为产品生产过程中部件组装、整机装配、检测和调试工序的在制品合格率。

4.2.2　训练数据预处理

本书选取 2011 年 3 月~2016 年 2 月共计 60 个月的质量数据，并将这批数据分为两组，其中，将 2011 年 3 月 ~2013 年 8 月的 30 组数据作为训练数据，用来确定模型的核函数以及核函数的参数。并用 2013 年 9 月 ~2016 年 2 月的 30 组实际数据与预测数据对比，检验预测效果。

在应用支持向量机方法对产品质量进行预测之前，首先对实际数据进行标准化处理，以避免数据取值范围过大、量纲不统一等因素造成的预测误差。通过采用 Z-score 标准化的方法，对数据进行预处理。这种方法是对原始数据中的两个参数指标——均值和标准差进行归一化标准。归一化产品良率如图 4-2 所示。

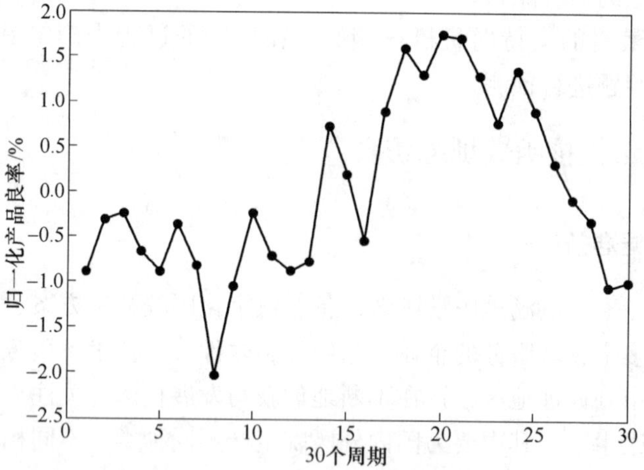

图 4-2　归一化处理后的良率数据

假定训练数据的平均值为 μ，训练数据的标准差为 σ。标准化处理之后该属性的取值为 0，标准差为 1，则进行标准化处理的公式为：

$$x^* = \frac{x - \mu}{\sigma} \tag{4-4}$$

4.2.3　核函数训练结果及评价

在进行实验之前，需要对各种类型核函数支持向量机的参数进行统一设定。在选取支持向量机模型核函数的过程中，设定所有类型核函数支持向量机模型损

失函数的惩罚参数 $C=2$，函数的 $\sigma=0.05$，参数 $\varepsilon=0.05$。

（1）多项式核函数支持向量机回归拟合。对于多项式核函数，可以通过控制函数的阶层数，从而控制系统的 VC 维大小。因为函数阶层数不同，学习效果也就不同，因此本书选取 1~4 阶的多项式分别进行实验。拟合结果如图 4-3 所示。

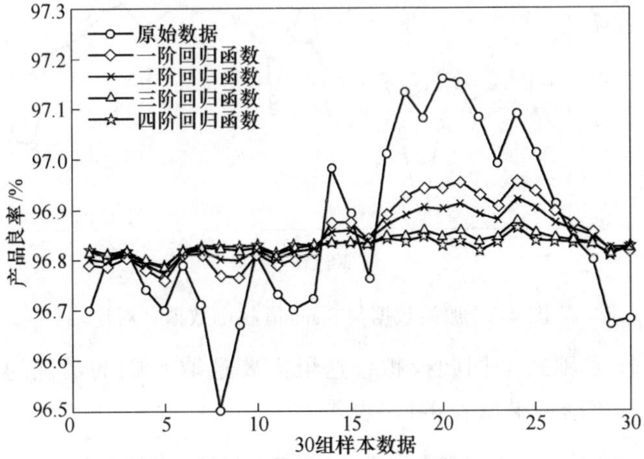

图 4-3 原数据与 1~4 阶多项式拟合对比

（2）径向基（RBF）核函数支持向量机回归。使用径向基核函数对支持向量机模型回归拟合，结果如图 4-4 所示。

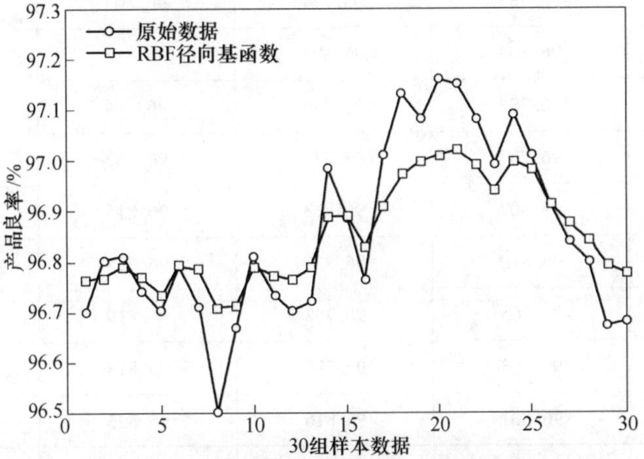

图 4-4 原始数据与径向基核函数拟合对比

（3）S 型核函数支持向量机回归拟合。使用 S 型核函数对支持向量机模型回归拟合，结果如图 4-5 所示。

（4）多项式、径向基和 S 型核函数支持向量机回归拟合对比。在前面的实验

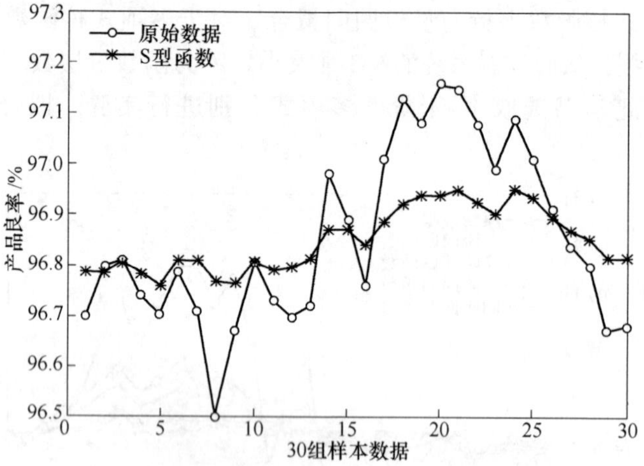

图 4-5 原始数据与 Sigmoid 核函数拟合对比

里选取了 1~4 阶多项式的回归模拟，这里需要选取其中的最优的解，与其他两种方法做对比。数据结果见表 4-1、表 4-2。

表 4-1 1~4 阶多项式核函数产品良率回归拟合数据

数据样本编号	一阶拟合	二阶拟合	三阶拟合	四阶拟合
1	96.788	96.801	96.812	96.817
2	96.785	96.794	96.803	96.807
3	96.803	96.808	96.814	96.817
4	96.782	96.789	96.794	96.797
5	96.757	96.772	96.782	96.787
6	96.809	96.813	96.815	96.818
7	96.810	96.820	96.824	96.827
8	96.765	96.798	96.819	96.826
9	96.763	96.796	96.818	96.826
10	96.807	96.816	96.823	96.827
11	96.792	96.800	96.805	96.807
12	96.796	96.812	96.822	96.827
13	96.812	96.820	96.825	96.827
14	96.871	96.853	96.834	96.830

续表 4-1

数据样本编号	一阶拟合	二阶拟合	三阶拟合	四阶拟合
15	96.872	96.855	96.835	96.830
16	96.838	96.835	96.829	96.828
17	96.888	96.867	96.846	96.840
18	96.924	96.887	96.846	96.833
19	96.942	96.903	96.859	96.844
20	96.943	96.899	96.845	96.826
21	96.954	96.910	96.855	96.836
22	96.929	96.887	96.834	96.815
23	96.904	96.876	96.842	96.832
24	96.953	96.919	96.877	96.863
25	96.936	96.901	96.852	96.835
26	96.894	96.872	96.841	96.832
27	96.869	96.855	96.836	96.830
28	96.852	96.846	96.832	96.829
29	96.814	96.816	96.810	96.809
30	96.815	96.826	96.826	96.828

表 4-2 1~4 阶多项式核函数 SVM 产品良率回归拟合效果

多项式核函数的阶次	*SE*	*R*/%
1	0.115630031	93.19
2	0.136683206	89.74
3	0.159465237	75.86
4	0.16768465	51.07

对比各个函数的拟合结果来看，1~4 阶的多项对样本数据的拟合的标准误差均在 0.2 以下，误差率较小。其中，最小的误差量是一阶函数的，其标准误差为 0.115630031。即便是最大四阶函数标准误差量也仅为 0.16768465。然而反观发现，如果用拟合相关系数来衡量，三阶、四阶函数拟合相关系数仅仅为 75.86% 和 51.07%，低于 80%，无法满足预测要求。一阶多项式函数的回归拟合的相关系数最大可以达到 93.19%。因此，在对多项式进行选取上采用一阶多项式核函数用来作为支持向量机的方法的核函数与其他核函数做对比。从对 1~4 多项式核函数的实验结果中可以发现，在多项式核函数支持向量机模型中，一阶多项式

核函数无论是从标准误差还是拟合相关度上都是最优的。因此，选择 1 阶多项式核函数支持向量机作为多项式核函数支持向量机的代表，与另外两类常用的函数进行对比实验，从中选优，找出效果最好的基于支持向量机的质量预测核函数。对比结果如图 4-6 所示。

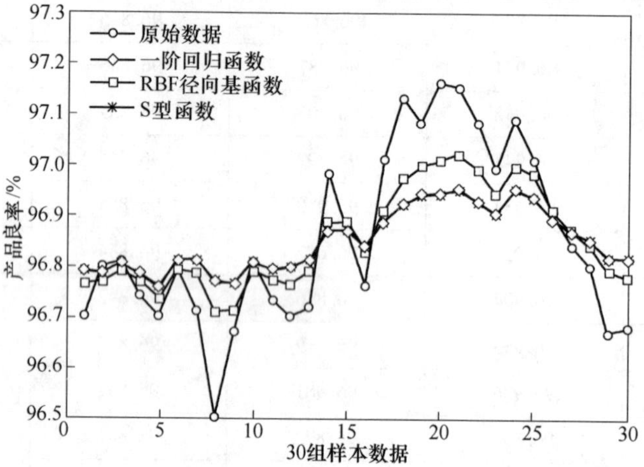

图 4-6　多项式、径向基和 S 型核函数支持向量机回归拟合对比

对比分析表 4-3、表 4-4 发现，通过回归拟合的训练，以一阶多项式函数、RBF 函数和 S 型函数作为支持向量机的预测核函数，对原数据的拟合效果较好，都可以作为多品种、小批量产品的质量预测的核函数。其中 RBF 核函数对原样本数据拟合得最好，标准误差仅为 0. 08383237，回归拟合系数达到了 95. 65%。值得注意的是，在对模型训练时发现，一阶回归函数作为核函数的效果竟然好于复杂的 S 型函数，考虑到预测的时间成本，一阶回归函数也是优秀的支持向量机的核函数。

表 4-3　一阶多项式、RBF、S 型核函数产品良率回归拟合数据

数据样本编号	实际数据	一阶拟合	RBF 函数拟合	S 型函数拟合
1	96. 7	96. 788	96. 762	96. 788
2	96. 8	96. 785	96. 766	96. 785
3	96. 81	96. 803	96. 790	96. 803
4	96. 74	96. 782	96. 766	96. 783
5	96. 7	96. 757	96. 732	96. 758
6	96. 79	96. 809	96. 792	96. 810
7	96. 71	96. 810	96. 785	96. 811
8	96. 5	96. 765	96. 706	96. 767
9	96. 67	96. 763	96. 711	96. 765

续表 4-3

数据样本编号	实际数据	一阶拟合	RBF 函数拟合	S 型函数拟合
10	96.81	96.807	96.787	96.807
11	96.73	96.792	96.772	96.793
12	96.7	96.796	96.763	96.797
13	96.72	96.812	96.787	96.813
14	96.98	96.871	96.887	96.871
15	96.89	96.872	96.888	96.872
16	96.76	96.838	96.828	96.839
17	97.01	96.888	96.908	96.888
18	97.13	96.924	96.972	96.922
19	97.08	96.942	96.996	96.939
20	97.16	96.943	97.008	96.940
21	97.15	96.954	97.020	96.950
22	97.08	96.929	96.989	96.926
23	96.99	96.904	96.939	96.903
24	97.09	96.953	96.997	96.952
25	97.01	96.936	96.981	96.935
26	96.91	96.894	96.911	96.894
27	96.84	96.869	96.873	96.870
28	96.8	96.852	96.843	96.854
29	96.67	96.814	96.791	96.817
30	96.68	96.815	96.778	96.818

表 4-4 一阶多项式、RBF、S 型核函数产品良率回归拟合效果

核函数	*SE*	*R*/%
一阶回归函数	0.115630031	93.19
RBF 径向基函数	0.08383237	95.65
S 型函数	0.117142762	92.79

三种函数的回归拟合标准误差都处于 0.2 以下，回归系数都在 90%以上。虽然多项式函数在建模的难易度与预测时间上占优势，但本书是以预测精度为最终的选取标准，因此在三种类型函数作为支持向量机的核函数的拟合实验中，选取预测精度最好的 RBF 核函数。

4.3 RBF 径向基核函数的参数介绍

通过上一节的研究，确定了 RBF 函数作为支持向量机预测模型的核函数，

RBF 函数的参数有三个，分别为损失函数的惩罚参数 C、函数参数 σ，还有就是不敏感损失参数 ε。本节将对这三个参数的选取进行研究，选取出合适的参数以使支持向量机模型达到较好的预测效果。

4.3.1　损失函数的惩罚参数 C

C 为函数的惩罚因子，表示分类间隔与训练误差之间的关系。直接影响算法的复杂程度和计算的误差。

在一般情况下，通过对样本数据训练函数的拟合度误差将有如下趋势：

（1）误差随着 C 值的增加而减小。如果 C 取较大的值会使错误率下降，当 $C \to \infty$ 时，误差为零。支持向量机模型就是在寻求风险经验最小化，但此时模型复杂化，造成过学习现象。

（2）误差随着 C 值的减小而增加。如果 C 取较小的值会使错误率增加，当 $C \to 0$ 时，误差很大，支持向量机模型的容错能力最强，复杂程度最低。推广能力最强，但是已经不具备预测能力。

（3）在取中间值时，模型即可以保持较小的误差，又可以有较强的容错能力，达到预测目的的同时，又具有推广能力。

对于惩罚参数 C 值的选取，通常最简单的做法是根据先前积累的经验和知识定性地选取，但这种方法仅适用于专业的研究人员，如果经验和知识的积累不够，这种做法将十分困难。对于 C 值的选取，之前缺乏具体的理论支持，很难达到良好的精度，Cherkassky 等提出了一种选取方法，并对其进行了改进，他们根据经验直接从模型的训练样本中去提取 C 值，而且给定了 C 值选取的经验公式：

$$C = \max(|\bar{y} + 3\sigma|, |\bar{y} - 3\sigma|) \tag{4-5}$$

式中，$\bar{y}$ 为训练样本数据集的平均值，σ 为训练样本数据集的标准差。

4.3.2　径向基核函数参数 σ

σ 为径向基函数参数。决定 RBF 函数能否将实验样本中的训练数据正确分类。参数 σ 的选取直接关系到支持向量机模型的预测效果，其是支持向量机模型中最重要的参数。

当样本数据的分布区域小，且幅度相对稳定、无异常点、线性趋势时比较明显时，无论参数 σ 取值发生多大变化，对基于模型进行质量预测性能的影响都相对较小。

当样本数据的分布区域大，且幅度不稳定、异常点较多、线性趋势时不明显时，参数 σ 对基于模型进行质量预测性能的影响很大，此时，参数 σ 的特征与损失函数 C 值的特点较为相似。其特点如下：

（1）预测性能随着 σ 值的增加而减小。如果 σ 取较大的值会明显区分样本分类，当 $\sigma \to \infty$ 时，全部样本点都是支持向量。但此时模型复杂化，容易造成过学习现象。

(2) 预测性能随着 σ 值的减小而增加。如果 σ 取较小的值会模糊区分样本分类，当 $\sigma \to 0$ 时，即把所有样本点均归为一类，支持向量机模型的容错能力最强，复杂程度最低，推广能力最强，但是已经不具备预测能力。

(3) 在取中间值时，模型即可以区分数据样本，又可以有较强的容错能力，达到预测目的的同时，又具有推广能力。

假设训练样本空间的数据被映射到高位空间的维度为 m，对样本集中训练数据进行归一化处理，用 0 作为样本的平均值，所有的变量值范围都在 0 附近，在把数据做以上处理之后，样本空间即变为一个球体，这个球体的维度为 m，该球体意两点之间的最大距离为 $\sqrt{m}$，σ 的取值为（0，$\sqrt{m}$）。

4.3.3 不敏感损失函数参数 ε

ε 为控制着拟合管道的宽度，也就是误差的边界。不同的 ε 值对支持向量机的模型预测的精度有很大影响。虽然较小的 ε 可以保证较高的预测精度，但机器学习的难度增加，同时训练的工作量加大。所以在实际问题中既要满足实际预测所需要的精度，又要保证可以选择合适的 ε 值以减少学习的工作量。

(1) 预测精度随着参数 ε 值的减小而增加。较小的 ε 值意味着模型中的拟合管道的宽度比较窄，此时支持向量机模型对样本分类要求更加准确，当 $\varepsilon \to 0$ 时，对错误的容忍度为零，不允许存在异常点。此时，模型的复杂程度增加，模型的适用范围也会缩小。

也就是说，当不敏感损失函数参数 ε 的取值较小时，模型对训练样本中的数据分类允许的误差程度较小。

(2) 预测精度随着参数 ε 值的增加而减小。较大的 ε 值意味着模型中的拟合管道的宽度比较宽，此时支持向量机模型对样本分类要求模糊，当 $\varepsilon \to \infty$ 时，模型不再对样本进行区分。此时，模型的复杂程度最低，模型的适用范围无限扩大，但此时已失去预测意义。

相反，不敏感损失函数参数 ε 取较大值的时候，模型对训练数据样本的要求也会宽松很多。在通常的情况下，训练数据样本数目比较小时，不敏感损失函数参数 ε 的取值可以小一点，而当训练数据集中样本数目比较大的时候，不敏感损失函数参数 ε 的取值也会相应的大一些。

4.4 模型参数的选取方法

通过上一节对所建立模型中所含的三种参数进行的分析，可以看出，参数取值对于模型预测性能有着巨大影响。任何一个参数都有可能对模型预测的准确性造成巨大影响。因此，在基于支持向量机方法解决预测的问题时，其模型参数的选取一直以来都是支持向量机预测中最难的一个环节，同时如何选择支持向量机模型中的参数也是该领域的难点。

为了选择模型中最优的参数，使支持向量机具有良好的预测能力，国内外许多学者对这一领域做了研究。最早的一批研究人员，通过经验先确定其中一个参数的值，然后通过试凑的方法确定出其他几个参数，从而进行对实际模型的预测，但这种方法的缺点显而易见，选择参数具有盲目性，没有一套完整的理论依据。后期的学者逐渐采用了学习机方法即人工智能方法，其中最典型的就是现在最流行的两种启发式算法：遗传算法和粒子群算法。本节将分别对上述两种方法进行简单的介绍，并分析每种方法的优缺点，根据其特点对支持向量机的模型参数进行选取。

4.4.1 遗传算法

为了能够解决无目的性及耗时长效率较低等突出问题，在参数选择进行中，专家们通常情况下采用支持向量机模型来进行选取，支持向量机模型参数的选取方式有很多种，最常用的方法是遗传算法。

遗传算法在 21 世纪后期得到广泛的应用，并且成为了最佳的优化技术，具有效率高、稳定性好、易掌握等特点，是由乔 · 霍兰在 20 世纪 70 年代所发明的，主要应用在对系统的优化、学习机器语言、神经网络上。遗传算法是相对抽象的优化技术，是根据自然进化论、物种的遗传学及自然界的自适应进化而发展过来。在生物界中，对于任何物种，都是适者生存，物种之间通过不断的竞争，在进化中将有利的基因遗传下来，抛弃不利的基因，从而能够在有限的自然环境中生存下来。乔 · 霍兰在此基础上进行遗传算法的研究，将优秀基因遗传下来的方法应用到优化问题上，在优化过程中，将好的、对系统有用的保留下来，抛弃处于劣势的群体，这样产生的后代会变得越来越好。

遗传算法是一种计算模型，是基于达尔文的自然进化论及孟德尔经典遗传学来演变的，在模型建立过程中，选择这两种遗传学的优点。在进化过程中，适应环境要求的就能生存下去，违背环境的将会被淘汰是达尔文理论的精髓，对于这一理论的理解是，任何物种在繁殖之后都会继承父辈及母辈的基本特征，既能继承父辈的优点，又能在生长过程中不断得到新的经验，在这种条件下将会变得更加适应新的环境。孟德尔经典遗传学中基因遗传是重要的原理，孟德尔认为任何的遗传基因都会以密码的方式保存在细胞中。

遗传算法的可行解就是在任意情况下所产生的一组初始种群，将其称为染色体。学者们针对种群中的最优解难题进行研究时，通常将某个染色体作为最优解，并且对最优解的符合度称为适应度，适应度越小，这种染色体生育后代的能力就小，反之，生育后代的能力会增大。随着后代的不断进化，在最优后代中会积累上一代的优点，最终肯定会产生一种适应度最高的后代，也就是最优解。

遗传算法在解决较为简单的优化问题时，具有强大的优势，但是遇到复杂的优化问题时，使用单一的遗传算法就会展现出不足之处，例如：早熟现象、不能全面地将优化问题的约束表示出来。早熟现象指对模型参数使用单一的遗传算法进行最优解寻找时，可能会找到某个在该区间内具有较强优势的最优解，然而这个最优解未必是整个区间的最优解，如果将该值代入设计模型中，将导致模型得不到最优的结果，从而影响模型的性能。

4.4.2 粒子群算法

20 世纪后期，美国学者埃伯哈特与肯尼迪研究出了一种新的优化算法，称为粒子群算法，这种算法是在鸟群寻食的基础上发展而来的。这两位学者在一次研讨会上宣布了题目为“粒子群算法”的研究，标志着这种算法产生。与其他优化算法相比其最大的优点为能够在短时间内搜索到最优值、易于掌握、算法简单等，基于这些优点，粒子群优化算法在许多优化及寻优等不同领域中受到频繁应用，并且也推动了粒子群优化算法的发展。

粒子群算法作为一种高级的智能算法，解决问题的思想来源于演化计算理论。在粒子群优化算法中，每一个点都抽象成问题可能存在的解，各个点在搜索空间里寻找最优位置，我们把每个点称为粒子。每个粒子对当前自身位置进行评估，判断自己的位置是否为最优，并把目前自己掌握的位置信息分享给其他粒子，其中位置最优的粒子所在的点，就是全局最优解。每个粒子从其他粒子那里获得经验，根据其他粒子的经验不断调整自身的动态，从而获得新的位置，通过反复的调整，最后获得最优解。

粒子群算法可以由以下数学模型描述：即在高维空间中，种群规模为 N，种群中的单个粒子 i 在 D 维空间中表示为 $x_i = (x_{i1}, x_{i2}, \cdots, x_{id}, \cdots, x_{iD})$，它的速度表示为 $v_i = (v_{i1}, v_{i2}, \cdots, v_{id}, \cdots, v_{iD})$，则粒子 i 在第 d 维子空间的 $t+1$ 时刻的飞行速度，可以表示为：

$$v_{id}(t+1) = v_{id}(t) + c_1\varphi_1(p_{id}(t) - x_{id}(t)) + c_2\varphi_2(p_{gd}(t) - x_{id}(t))$$

$$\text{s.t.}\begin{cases} v_{id} = v_{\max} & v_{id} \geqslant v_{\max} \\ v_{id} = -v_{\max} & v_{id} \leqslant -v_{\max} \end{cases} \tag{4-6}$$

$$x_{id}(t+1) = x_{id}(t) + v_{id}(t+1) \tag{4-7}$$

式中，c_1，c_2 为该算法的学习因子，一般取值为（0，4），是实验前人为决定的常数；φ_1，φ_2 为［0，1］之间由随机函数产生非线性随机数；p_{id} 为该点当前最好位置；p_{gd} 为最优解，是在飞行过程中所在的最好位置。

为了同时满足全局最优和局部最优，在式（4-6）中加入一个权重因子 w，w

的范围在 0 到 1 之间，由该参数调整全局与局部的搜索比。式（4-6）、式（4-7）就变为：

$$v_{id}(t+1) = wv_{id}(t) + c_1\varphi_1(p_{id}(t) - x_{id}(t)) + c_2\varphi_2(p_{gd}(t) - x_{id}(t)) \quad (4\text{-}8)$$

$$x_{id}(t+1) = x_{id}(t) + v_{id}(t+1) \quad (4\text{-}9)$$

该算法称为基本粒子群算法。

粒子群算法方法是一种在参数可选取值形成的空间里，对模型参数进行并行搜索的一种启发式参数选取方法。由于其不但考虑已经搜索的模型参数组合，而且在进行搜索的过程中还会参考种群中其他粒子搜索结果的影响，因而能够很快地达到比较好的模型参数搜索效果。粒子群算法方法也有其缺点，比如由于粒子群算法在进行迭代的过程中，所采用的信息只有每个粒子自身的最优值和种群的最优值，对于搜索过程中的其他信息进行了舍弃处理，这在保证搜索速度的同时，也会对搜索的准确度方面造成损失。同时，由于粒子群算法方法是基于最优值进行下一代对模型参数值的搜索，因而存在陷入局部最优的可能性，选取出的参数组合可能并不能使模型的性能达到最优。此外，由于粒子群算法是模仿生物种群的行为而建立的，并没有严谨的理论基础，因此粒子群算法方法的适用范围还有待进一步研究。

4.5 RBF 径向基核函数参数仿真训练

4.5.1 训练数据准备

本节仍然采用某公司 2011 年 3 月~2013 年 8 月的 30 组数据作为训练数据用于支持向量机模型的训练，即确定选取参数的实验。

4.5.2 确定训练参数范围

4.5.2.1 各参数对模型预测能力的影响

A 损失函数的惩罚参数 C 对模型预测能力的影响

设定模型中其他两个参数的取值分别为径向基核函数参数 $\sigma=0.05$、不敏感损失函数的参数 $\varepsilon=0.05$，损失函数的惩罚参数 C 取值范围定义为［0, 50］，然后在此基础上进行实验。

图 4-7 为径向基核函数参数 C 对支持向量机模型性能影响分析图，从图中显示的趋势可以看出，随着径向基核函数的参数 C 值的不断增大，模型的标准误差（SE）呈现出逐渐减小的趋势，即径向基核函数的参数 C 值越大，支持向量机模型的预测准确率就越好。

下面将详细分析径向基核函数的参数 C 的取值与模型标准误差（SE）之间

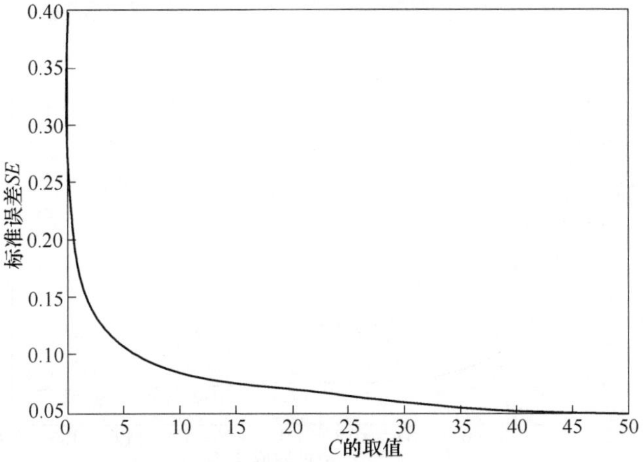

图 4-7 径向基核函数参数 C 对支持向量机模型性能的影响

的关系，从图 4-7 走势可以看出，标准误差与径向基核函数的参数 C 值呈非线性的关系，在 C 取值为［0，2］的范围内，函数的斜率非常大，标准误差以无穷快速减小到 0.2；而 C 取值在［2，7］区间内，斜率变化率变大，标准误差在 0.15 与 0.1 之间；当 C 取值范围在［7，50］时，斜率接近为 0，标准误差随 C 的取值的增大而缓慢减小。

B 径向基核函数参数 σ 对模型预测能力的影响

设定模型中其他两个参数的取值分别为径向基核函数参数 $C=5$、不敏感损失函数的参数 $\varepsilon=0.05$，径向基核函数参数 σ 的取值范围定义为［0，2］，然后在此基础上进行实验，实验的结果如图 4-8 所示。

从图 4-8 中显示的趋势可以看出，随着径向基核函数的参数 σ 值的不断增大，模型的标准误差呈现出逐渐减小的趋势，也就是说，径向基核函数的参数 σ 值越大，支持向量机模型的预测准确率就越好。下面将详细分析径向基核函数的参数 σ 的取值与模型标准误差之间的关系，从图 4-8 的走势可以看出，标准误差与径向基核函数的参数 σ 值呈非线性的关系，在 σ 取值为［0，0.05］的范围内，函数的斜率非常大，标准误差以无穷快速减小到 0.2；而 σ 取值在［0.05，0.4］区间内，斜率变化率变大，标准误差在 0.2 与 0.05 之间；当 σ 取值范围在［0.4，2］时，斜率接近为 0，标准误差随 σ 的取值的增大而缓慢减小。

C 不敏感损失函数参数 ε 对模型预测能力的影响

参考图 4-7、图 4-8 设定模型中其他两个参数的取值分别为损失函数的惩罚参数 $C=5$、径向基核函数参数 $\sigma=0.1$，不敏感损失函数参数 ε 的取值范围定义为［0，0.7］，然后在此基础上进行实验，实验的结果如图 4-9 所示。

从图 4-9 中显示的趋势可以看出，随着径向基核函数的参数 ε 值的不断增

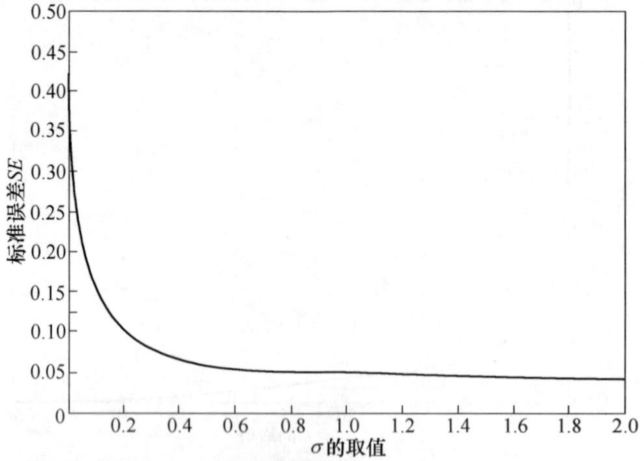

图 4-8 径向基核函数参数对支持向量机模型性能的影响

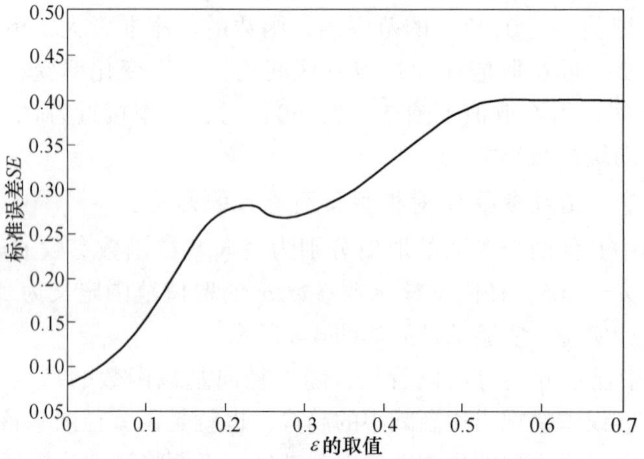

图 4-9 不敏感损失函数参数对支持向量机模型性能的影响

大，模型的标准误差呈现出逐渐增大的趋势，也就是说，径向基核函数的参数 ε 值越小，支持向量机模型的预测准确率就越好。

4.5.2.2 初步确定函数中各参数的取值范围

下面将详细分析径向基核函数的参数 ε 的取值与模型标准误差之间的关系，从图 4-9 走势可以看出，标准误差与径向基核函数的参数 ε 值呈非线性的关系，整体呈上升趋势，在 ε 取值为［0，0.2］的范围内函数的斜率较大，标准误差从 0.07 快速增加到 0.2，而 ε 取值在［0.2，0.3］区间内，标准误差保持在 0.3 左右，当 ε 取值范围在［0.3，0.5］时，标准误差从 0.3 上升到 0.4。而当 ε 大于

0.5 时，标准误差一直维持在 0.4 左右。

在对径向基函数参数变化对模型预测能力分析过后，下一步工作就是初步确定函数参数的取值范围，参数的选取既要确保模型具有较好的预测能力，又要保证模型有一定的推广性。

A 损失函数的惩罚参数 C 取值范围的确定

由性能分析图可知，当损失函数的惩罚参数 C 取值越大，模型对质量预测的能力也就越强。惩罚函数 C 在［0，2］的范围内取值，模型预测的泛化性能好，但是预测结果标准误差很大。当 $C>7$ 时，函数斜率接近 0。标准误差随 C 的取值的增大而缓慢减小。惩罚函数 C 在这一区间取值时，模型对质量预测精度最准，但学习时间较长，学习效率低，可能造成一些人工智能的启发式算法过学习现象，预测精度与预测时间不成正比。因此，同时考虑到模型预测精度与预测效率，决定将［2，7］作为惩罚参数 C 的取值范围。

B 径向基核函数参数 σ 取值范围的确定

由性能分析图可知，当核函数参数 σ 取值越大，模型对质量预测的能力也就越强。核函数参数 σ 在［0，0.05］的范围内取值，模型预测的泛化性能好，但是预测结果标准误差很大。当 σ 大于 0.4 时，函数斜率接近 0。标准误差随 σ 的取值的增大而缓慢减小。核函数参数 σ 在这一区间取值时，模型对质量预测精度最准，但学习时间较长，学习效率低，可能造成一些人工智能的启发式算法过学习现象，预测精度与预测时间不成正比。因此，同时考虑到模型预测精度与预测效率，决定将［0.05，0.4］作为核函数参数 σ 的取值范围。

C 不敏感损失函数参数 ε 取值范围的确定

由性能分析可知，损失函数参数 ε 取值越小，模型对质量预测的能力也就越强。为了防止模型的过学习现象，这里将 ε 的取值定为 0.05。

4.5.3 参数训练结果及评价

在初步确定了各个参数的取值范围之后，下面将进一步精确参数的取值。

（1）遗传算法对核函数参数的选取。设定遗传算法种群规模为 20，最大进化代数为 100，杂交率设为 0.9，变异率设为 0.1。

拟合结果如图 4-10 所示，此时参数分别是：$C = 5.3711$，$\sigma = 0.15708$，$\varepsilon = 0.05$。

（2）粒子群算法对核函数参数的选取。设定粒子群规模为 20，学习因子 $c_1 = c_2 = 2$，最大迭代数为 100。拟合结果如图 4-11 所示，此时参数分别是：$C = 4.8468$，$\sigma = 0.18368$，$\varepsilon = 0.05$。

遗传算法与粒子群算法对产品质量数据拟合结果分析情况见表 4-5。

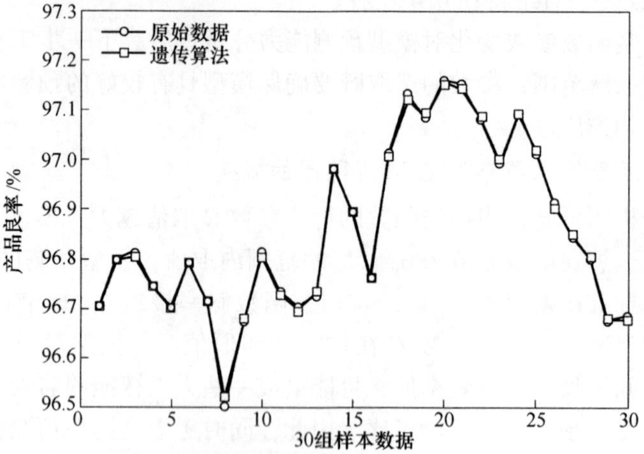

图 4-10　遗传算法对产品合格率预测的结果

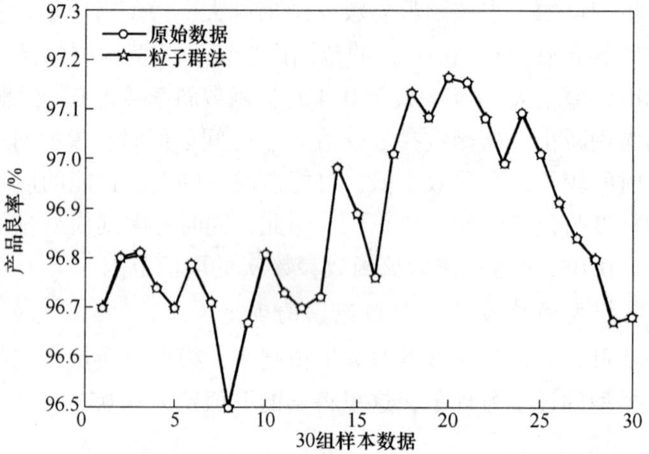

图 4-11　粒子群算法对产品合格率预测的结果

表 4-5　遗传算法与粒子群算法对产品质量数据拟合结果

产品样本编号	样本数据	遗传算法	粒子群算法
1	96.7	96.701	96.699
2	96.8	96.794	96.796
3	96.81	96.802	96.803
4	96.74	96.739	96.739
5	96.7	96.696	96.697
6	96.79	96.789	96.790
7	96.71	96.710	96.709

续表 4-5

产品样本编号	样本数据	遗传算法	粒子群算法
8	96.5	96.518	96.513
9	96.67	96.675	96.676
10	96.81	96.802	96.805
11	96.73	96.726	96.726
12	96.7	96.692	96.693
13	96.72	96.730	96.727
14	96.98	96.979	96.982
15	96.89	96.892	96.892
16	96.76	96.759	96.758
17	97.01	97.006	97.011
18	97.13	97.116	97.122
19	97.08	97.089	97.089
20	97.16	97.153	97.156
21	97.15	97.142	97.146
22	97.08	97.084	97.086
23	96.99	96.997	96.998
24	97.09	97.090	97.093
25	97.01	97.017	97.017
26	96.91	96.902	96.905
27	96.84	96.845	96.845
28	96.8	96.798	96.798
29	96.67	96.674	96.670
30	96.68	96.673	96.672

此外，从表 4-6 的实验结果中可以看出，基于遗传算法与粒子群算法确定出的核函数参数都能够很好地实现对原始数据的拟合。标准误差（*SE*）都能够达到 0.13 以下，相关系数都能在 99%以上。因此，结合企业的实际生产数据进行拟合的训练实验结果显示，基于遗传算法方法与粒子群方法选取参数的支持向量机的预测能力表现良好。因此，本书选取在预测能力上表现更好的粒子群方法作为多品种、小批量生产模式下产品质量预测模型参数的选取方法，并将其选取出的参数 $C=4.8468$，$\sigma=0.18368$ 应用于支持向量机模型中，对多品种、小批量产品的质量进行预测。

表 4-6 产品良率回归拟合效果评价

方 法	*SE*	*R*/%
遗传算法	0. 115630031	99. 92
粒子群算法	0. 08383237	99. 95

4.6 产品质量预测仿真

本书将采用支持向量机法对小批量下生产模式中产品的质量进行系统性预测，其优势在于能够避免传统预测以及人工神经网络对小样本数据质量预测不够精确等问题。书中对支持向量机的核函数及模型参数的设置进行分析比较由于选择不同模型方法，其参数的影响也各不相同，通过比较法后选取较好的方法对支持向量机进行实际应用研究，在 Matlab 仿真研究的基础上，进一步找出最适用的多品种小批量下产品合格率的预测模型，帮助管理人员对生产发展做出预测及时调整。

本节将通过比较，将应用传统的多元线性回归法、人工神经网络法以及支持向量机法分别进行多种小批量生产模式下的产品质量预测，计算出三组预测值后与生产的实际质量数据进行比较，最后验证支持向量机法在对多品种、小批量产品质量预测上的有效性。

4.6.1 实验设计

本节对支持向量机模型的训练数据来自于某公司 2011 年 3 月~2013 年 8 月连续 30 个月的实际生产数据。因此在试验中，为了保证公平性，用来做对比的方法也采用上述某公司的质量数据作为样本进行学习训练。这样可以保证所有对质量预测的方法在同一个条件下进行，以此提高对多品种、小批量产品质量预测结果对比的有效性。

为了保证实验对产品质量预测的有效性，首先将利用人工神经网络法，并采用同一组数据进行学习训练。然后，加入传统预测方法中较为常用的多元线性回归法，用三种方法对某公司 2013 年 9 月~2016 年 2 月的连续 30 个质量数据进行预测，最后与实际质量数据对比，标准误差最小、拟合度最好为评价标准，验证模型的有效性。

4.6.2 仿真实验结果及评价

4. 6. 2. 1 模型仿真结果

A 多元线性回归方法

以某公司 2011 年 3 月~2013 年 8 月连续 30 个实际生产数据作为样本数据，

进行多元线性回归仿真实验。样本见表 4-7。对回归的结果进行 F 检验，显著性水平 $\alpha = 0.05$。训练的结果如图 4-12、图 4-13 所示。

表 4-7 某公司各生产工序的合格率 (%)

日期编号	实际数据	部件组装	整机装配	检测	调试
1	97.79	97.51	98	98.86	98.45
2	97.79	97.38	97.97	99.03	98.60
3	97.82	97.07	97.97	98.75	98.41
4	97.83	97.17	98.09	98.94	97.41
5	97.82	97.18	98.11	98.9	97.40
6	97.68	97.29	98.06	98.93	97.38
7	97.58	97.34	98.08	98.98	97.52
8	97.78	97.4	97.92	98.73	97.50
9	97.76	97.45	97.79	98.77	97.52
10	97.69	97.58	97.72	98.78	97.51
11	97.76	97.51	97.84	98.79	97.55
12	97.87	97.54	97.83	99.05	97.71
13	97.78	97.65	97.68	98.2	97.65
14	97.83	97.68	97.63	98.18	98.32
15	97.92	97.58	97.72	98.25	98.19
16	97.93	97.63	98.79	98.28	98.21
17	97.93	97.49	98.76	98.18	98.22
18	97.78	97.34	98.86	98.19	98.39
19	97.71	97.37	98.55	98.34	98.22
20	97.62	97.46	98.59	98.44	98.59
21	97.69	97.32	98.33	98.48	99.01
22	97.56	98.8	98.17	98.47	98.88
23	97.51	98.81	98.2	98.56	98.71
24	97.54	98.67	98.19	98.96	98.09
25	97.49	98.51	97.96	98.78	98.10
26	97.45	98.46	97.77	98.5	98.02
27	97.35	98.3	97.74	98.42	98.02
28	97.39	98.42	97.63	98.57	97.91
29	97.39	97.25	98.31	98.67	97.79
30	97.6	97.31	98.42	98.58	97.71

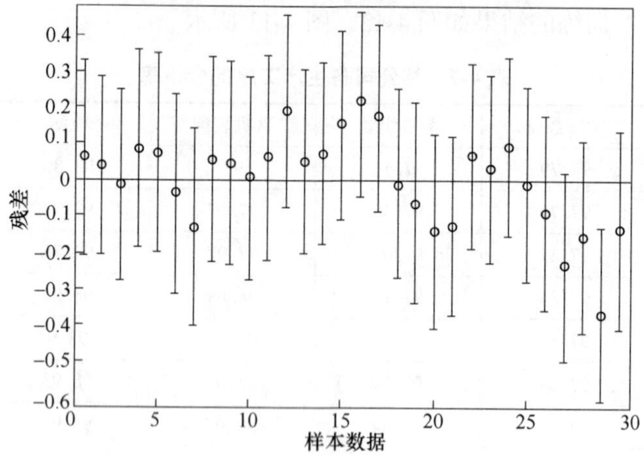

图 4-12 多元线性回归的残差图

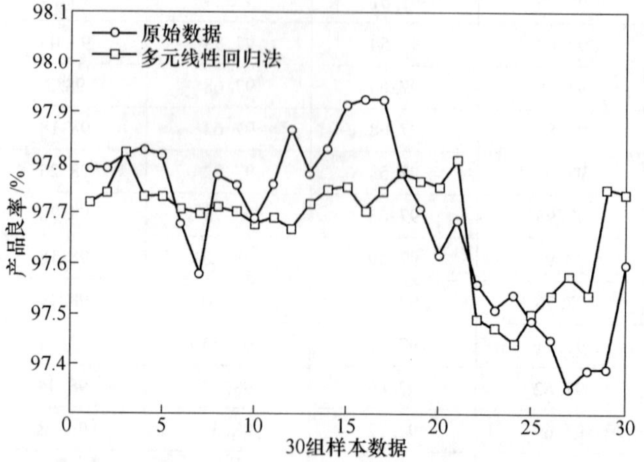

图 4-13 多元线性回归对产品质量的预测的结果

通过残差图可以看出，30 个数据中仅有第 29 个数据点异常，因此模型对各个样本数据的拟合效果比较理想，即各个自变量与因变量之间的关系都能够呈现出比较显著的线性相关性。

此外，通过表 4-8 可知，回归结果进行 F 检验的参数值 $p = 0.0104$，小于显著性水平的 0.05，因而该多元线性模型成立，可以用其对产品合格率进行预测，且回归方程为：

$$y = -0.2152x_1 - 0.0345x_2 - 0.0854x_3 + 0.0462x_4 + 125.9801 \qquad (4\text{-}10)$$

表 4-8 多元线性回归系数的估计值

回归系数	回归系数估计值	回归系数置信区间
0	125.9801	[90.6736, 161.2865]
1	-0.2152	[-0.3312, -0.0992]
2	-0.0345	[-0.2110 , 0.1420]
3	-0.0854	[-0.2986, 0.1279]
4	0.0462	[-0.0944 , 0.1867]

注：$R^2 = 0.3983$，$F = 4.1379$，$p = 0.0104$，$s^2 = 0.0196$。

B 人工神经网络方法

人工神经网络设置网络结构为 5 层，节点为 3，最大的迭代次数为 30，学习速率为 0.1，训练误差为 0.01。结果如图 4-14 所示。

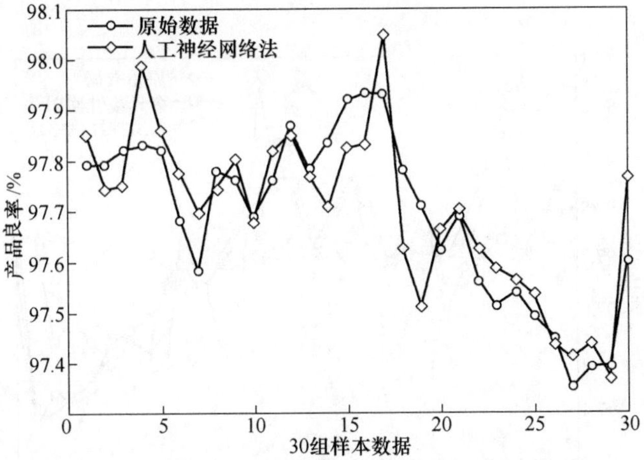

图 4-14 人工神经网络方法对产品质量的预测的结果

C 支持向量机方法对产品质量进行预测的效果

以径向基函数作为核函数，其中，参数 $C = 4.8468$，$\sigma = 0.18368$，$\varepsilon = 0.05$。结果如图 4-15 所示。

4.6.2.2 结果分析

通过运用多元线性回归、人工神经网络和支持向量机三种方法分别对某公司 2013 年 9 月~2016 年 2 月连续 30 个实际生产中的数据进行预测，预测的结果如图 4-16 和表 4-9、表 4-10 所示。

通过采用三种方法对产品质量进行预测，观察结果可以发现，无论是从标准误差还是拟合度来衡量，支持向量机模型在预测的精度都明显优于传统方法与常用人工智能方法。

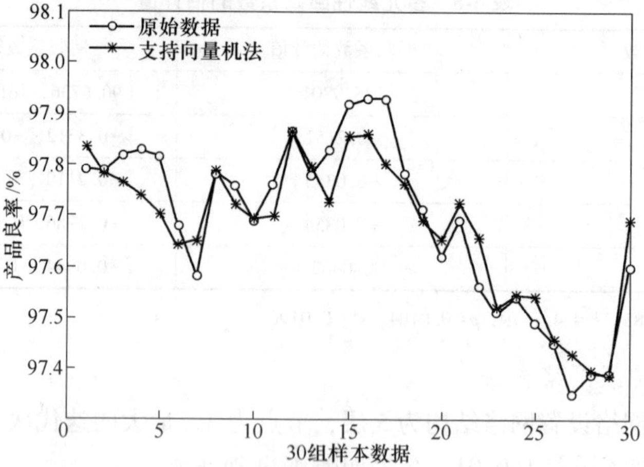

图 4-15　支持向量机方法对产品质量的预测的结果

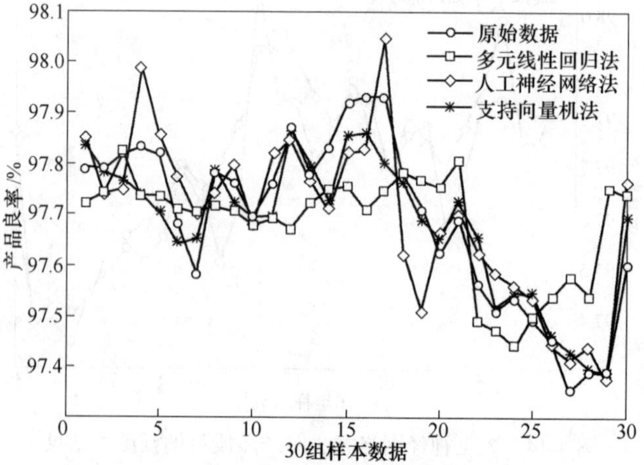

图 4-16　几种方法对产品质量的预测的结果对比

表 4-9　采用三种方法对产品合格率预测性能对比

预测方法	*SE*	*R*/%
多元线性回归	0.263705836	74.26
人工神经网络	0.087034219	85.12
支持向量机	0.059154681	93.96

表 4-10　三种方法对产品合格率的预测数据　(%)

原始数据	多元线性回归	人工神经网络	支持向量机
97.71	97.369	97.871	97.801
97.51	97.397	97.487	97.504

续表 4-10

原始数据	多元线性回归	人工神经网络	支持向量机
97.50	97.445	97.549	97.505
97.48	97.325	97.539	97.557
97.59	97.449	97.577	97.598
97.60	97.551	97.643	97.651
97.64	97.601	97.662	97.645
97.61	97.623	97.683	97.615
97.66	97.682	97.722	97.755
97.79	98.115	97.802	97.825
97.74	98.109	97.782	97.773
97.81	98.160	97.609	97.789
97.88	98.248	97.720	97.861
98.03	98.288	98.146	97.900
98.03	98.238	97.928	97.959
98.02	98.313	97.922	97.958
97.92	98.343	97.798	97.816
97.88	97.883	97.867	97.898
97.96	97.969	97.938	97.953
97.87	98.050	97.927	97.808
97.79	98.108	97.777	97.795
97.88	98.081	97.919	97.840
97.88	98.199	97.841	97.889
97.65	98.315	97.765	97.721
97.78	98.059	97.874	97.741
97.92	98.177	97.959	97.802
97.93	98.203	98.088	97.840
97.92	97.667	97.849	97.865
97.91	97.777	97.862	97.902
97.89	97.799	97.951	97.936

5　非正态能力分析与过程控制的理论

5.1　过程控制的基本理论

过程统计作为统计过程中一个基本内容，是运用控制图对过程进行观察监控。在进行过程统计运用时必须要了解控制图的基本原理，才能够保证绘制出正确的控制图进行监控分析。

5.1.1　控制图的基本概念

控制图是被用来对过程的质量特性值进行测定、记录以及评估的工序，从而监察过程是否处于一种稳定状态的图表。它是能够对生产过程进行监察，区分是由系统原因还是随机原因引起波动的一种工具。控制图的提出者是质量管理专家——休哈特，自从 1924 年提出以来，至今一直被完善，现已是生产质量控制的主要方法之一。

控制图虽然被分成很多类型，但其理论基础是一致的，都是源自数理统计学中的统计假设的检验理论。因此把统计理论的假设划分为 4 个部分[75]：

（1）充分利用已知的背景知识为前提，从实际情况出发，原假设用命题 H_0 表示，备择假设用命题 H_1 表示。

（2）有一个固定的显著水平，当所提出的假设是真命题的时候，拒绝所提假设的概率值。当出现真的假设或者是出现拒绝错误的假设，就是对命题能够做出正确的判定。当做出不正确的判定，则出现错误的风险。现在将拒绝真假设以及拒绝错误假设分别记作：

$$P\{\text{拒绝 } H_0/H_0 \text{ 为真}\} = \alpha$$

$$P\{\text{拒绝 } H_0/H_0 \text{ 为错误}\} = \beta$$

这两种错误之间有一定的联系。

（3）依据直观的分析，确定拒绝域的形式，给定显著水平 α，当 $\alpha = 0.0027$ 的时候，x 的接受域 $\mu_0 - 3\sigma_0 \leqslant x \leqslant \mu_0 + 3\sigma_0$，如图 5-1 所示，在生产过程控制中，取 $6\sigma_0$ 作为控制图上下限的理论依据。

（4）根据样本值和所得拒绝域，对假设 H_0 进行判断。有时候在正常生产中，有样本控制点出现在拒绝域中的概率相对比较小，这是因为所选择的样本值比较少；当样本的控制点出现在拒绝域的概率要增大时，表征出生产出现异常因素。综合两者，不仅要样本取值比较少，还要控制点落入拒绝域的机会比较小，这样称作小概率事件。在此事件中，若是样本的控制点还是落入拒绝域中，即生产过程中存在异常因素，那么这就是控制图判断生产过程是否处于稳定状况以及正常的依据。

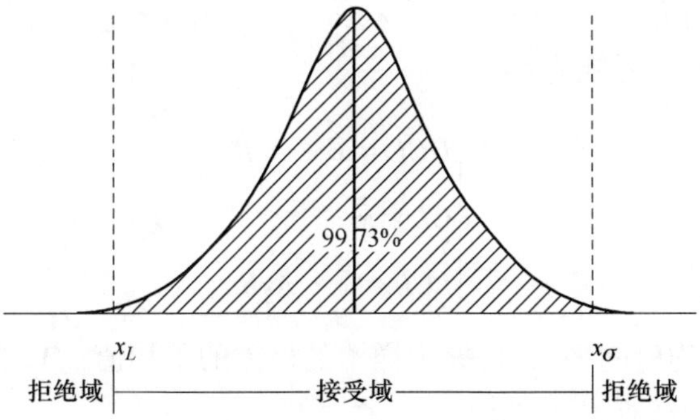

图 5-1 接受域和拒绝域

5.1.2 控制图的绘制过程

控制图是以数理统计学为背景，利用有效的样本数据对控制界限进行描述的图，如图 5-2 所示。控制图有三条控制线，分别是 *UCL*（上控制界限）、*LCL*（下控制界限）和 *CL*（控制中心线），称上下界限为控制线。若控制图描述过程出现异常，原因可能有两点：一是控制点出现在上、下控制线之外；二是在上、下控制线之间排列不随机[76]。

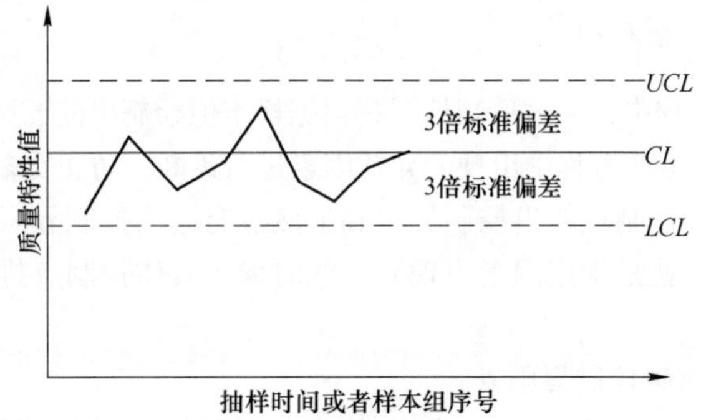

图 5-2 控制图的基本形式

目前，有两种方式控制界限，我国和日本、美国等地使用的是 3σ 方式，欧美地区是将一侧超出界限的概率认定为 $\sigma/2$，这种实际结果虽然与 3σ 方式差不多，但是并不被多数人使用。

在实际应用的过程中，一般运用平均值-极差控制图（$\bar{x}$-R 控制图）、平均值-标准差控制图（$\bar{x}$-S 控制图）、中位数-极差控制图（$\bar{x}$-R 控制图）等。综合各个控制图的优点，对于计量工艺，最常用的是 $\bar{x}$-S 控制图和 $\bar{x}$-R 控制图，其最大的特点就是判断工序灵敏度很高，$\bar{x}$-S 控制图适合用于标准偏差的计算量大的情况，$\bar{x}$-R 控制图适合用于标准极差的计算量小的情况。本书选择在 $\bar{x}$-R 控制图的基础上，进行深入研究。

平均值控制图的界限为：

$$\begin{cases} UCL = \bar{\bar{x}} + A_2\bar{R} \\ CL = \bar{\bar{x}} \\ LCL = \bar{\bar{x}} - A_2\bar{R} \end{cases} \tag{5-1}$$

式中，$\bar{\bar{x}}$ 为样本平均值的平均值；$\bar{R}$ 为样本的极差的平均值；A_2 为控制系数运用控制图系数选用表能够查出 A_2 的值。

极差控制图的界限为：

$$\begin{cases} UCL = D_4\bar{R} \\ CL = \bar{R} \\ LCL = D_3\bar{R} \end{cases} \tag{5-2}$$

式中，D_3，D_4 为控制系数。

当出现 $n \leqslant 6$ 时，D_3 是负值，R 是非负的，因此在实际中 LCL 并不存在，在使用过程中 LCL 用 $R = 0$ 的横坐标线替代。

5.1.3　控制图的判断准则

在实际生产过程中，通过适当地观察根据样本值绘制出的控制图，及时获取生产过程情况，针对生产过程中出现的异常因素进行诊断，防止更多不合格品出现。

当控制图满足控制点越出控制界限和虽然没有越出控制界限，但是控制点排列有缺陷的时候，就是生产因素出现异常的时候，具体控制点排列有缺陷的主要有以下几种情况。

（1）控制点超越控制界限外；

（2）3 个连续控制点中至少有 2 个控制点要远离控制界限，不在 A 区域（UCL 与 CL 之间）；

（3）5 个连续控制点中至少有 4 个控制点出现在 B 区域（CL 与 LCL 之间）内或者超出 B 区域；

（4）6 个连续控制点连续上升或者下降控制图；

（5）9 个连续控制点出现在 CL 线同一侧；

（6）14 个连续控制点出现交替上升或者下降的控制图；

(7) 15 个连续控制点同时出现在 *CL* 线两侧，靠近控制线。

当出现以上几种情况要认真找出工序出现异常的原因，增加产品的合格率。

5.1.4 控制图对过程控制的意义

控制图能够简单直观地告诉控制者现有的工序过程是否在受控的状态下，是否出现异常的因素干扰。在受控的情况下，控制者可以调整以减少变异原因。

在反复改进中，绘制出最恰当的控制图，改进过程中的控制图大致步骤包括对数据进行采集、绘制控制图进行分析、分析后进行改进。

(1) 对生产过程中的数据进行采集，运用恰当的控制图来进行记录，这些数据是多种多样的，可以是黏结工装的剪切力、元器件的封装、工件的完成时间等。

(2) 变差的控制，过程中是否出现不受控情况、是否有异常因素的产生，都可以从简单直观的控制界限辨别分析。当一些特殊的因素影响过程状态不受控制时，要从多方面找出影响因素，进行分析。找出原因改进后，再次收集数据，通过控制图直观的分析，反复调整，直到出现理想状态为止。

(3) 采用最理想的控制图产生观测状态，当系统中出现新的异常原因的时候，能够方便发现，并及时采取相应控制措施进行纠正。当绘制的控制图中控制点超出控制界线，对生产过程进行改进，将变差的分布变小，保持过程一直处于稳定受控的状态。

对于受控阶段的改进就是通过减少这种变差从而缩小控制图的上下界限，这样改进工作才有效可行。再次计算控制界限，以便降低受控点的跳出率。实际的生产过程，要不断采集数据，实时监察，找出变差，进行改进调整。任何改进工作都不能脱离上述的三个步骤，并要尽可能增加采集数据的样本容量，以便更准确的分析结果。

采用合适的控制图进行控制，能够及时准确地给控制人员传递生产实时信息。当过程控制图稳定时，使用控制图可以预测产出合格品率以及满足客户需求率，并可以达到需要的控制状态。对生产受控状态下的变异差进行改进，对提高生产率具有极大的现实意义。

控制图不仅仅是一种生产控制的工具，更是为质量管理者提供出一个交流平台，一个公司中与质量相关的部门都可以使用这个平台交流和沟通。对生产过程中出现的问题对症下药并改善生产过程。

5.2 过程能力的基本理论

5.2.1 过程能力的基本概念

过程能力也可以称为工序能力（process capability analysis），即表示研究过程存在的变异相对于质量特性值公差的满足程度。通过分析过程能力可以达到以下目标：

(1) 能够预测出在生产过程中质量存在的变异与公差的一致程度；

(2) 能够辅助产品开发者对产品进行设计和选择；

(3) 对工艺规程的制度提出理论依据；

(4) 能够帮助管理者及时发现在生产过程中影响质量控制的关键因素；

(5) 生产过程能力理论依据能够帮助供应商进行选择和评价；

(6) 使质量的改进方向更加明确，能够尽量减少过程存在的差异；

(7) 可以帮助采购者明确分析新设备的用处，并进行采购。

计算出的过程能力在过程分析与控制中扮演很重要的角色，因此很多制造企业在生产控制方面进行研究，会在定期找出关键工序，并计算其过程能力指数。通过对计算出的能力值分析，运用其相关理论知识，为管理者提供过程改进提供路线，消除生产过程的瓶颈因素，明确管理者对质量改进的路线。用 C_p 以及 C_{pk} 表示计算出的过程能力指数。

经过长期实践，纵然过程能力具有一定的优点，但在使用过程能力需要注意以下几个方面：

(1) 输出的过程质量的特性值能否得到检测；

(2) 研究的过程质量对象能否在稳定受控情况下；

(3) 目标特性值能否和质量数据的分布中心值完全重合；

(4) 当收集到的质量数据不能够遵从正态分布，要注意非正态分布下计算方法带来的影响，掌握降低或者消除影响过程因素的方法；

(5) 在实际过程中不会出现单一的能力指数代表整个生产过程的情况，即一个过程能力指数不能覆盖整个生产的全貌。

注意以上几种情况，做出合适处理才能正确的计算过程能力指数，反映出实际生产的能力。

5.2.2 过程能力指数计算

过程能力指数是由朱兰博士首次提出，并用 C_p 表示，它是在工序分布中心与标准（公差）重合的情况下的过程能力指数，计算过程中必须满足三个条件：在过程处于受控的状态下，质量的数据值必须是独立的，质量的数据值必须遵从正态分布[77]。

过程能力指数的计算式为

$$C_p = \frac{USL - LSL}{6\sigma} \tag{5-3}$$

式中，C_p 为过程的能力指数；USL 为采集数据的公差上限；LSL 为采集数据的公差下限；σ 为采集到的过程质量特征值的标准差。

这种计算方式适合分布中心与标准差重合的情况。当过程能力为 6σ 时，如图5-3所示。在实际的过程能力计算中，过程分布中心与规格分布中心相对重合的概率比较小，尤其在电子元器件制造过程中。其生产过程多数工序中运用的是非闭环状态下的工艺过程，在施行非闭环生产过程中，会存在未知的影响因素，这些因素很可能影响对生产的监控，在监控过程中，能够精确到每一个元器件刚好达到工艺参数的中心值就停止的概率相当小，这时工艺也刚好结束。一般是先做试片进行测试，这样对产品的破坏力降到最低，再根据小样本的测试结果，适当调整工艺的条件。

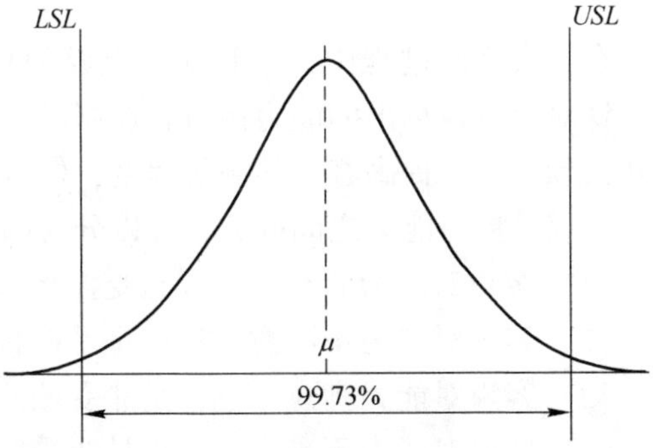

图5-3 6σ 的过程能力

在非闭环的条件下，运用 C_p 表示过程会出现偏移的情况下的能力指数。图5-4所示为其过程分布中心与公差分布中心不相重合的情况。

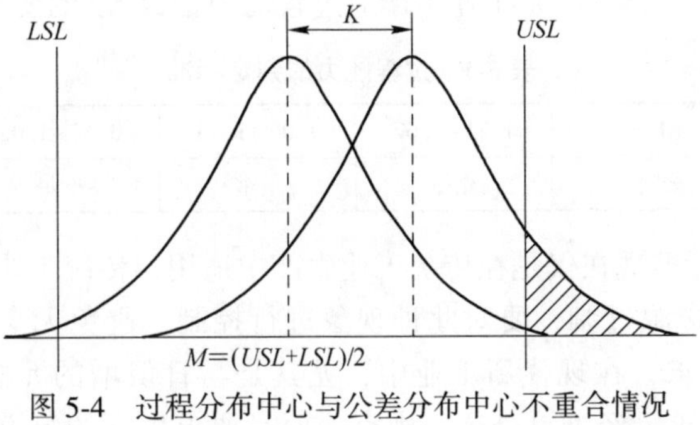

图5-4 过程分布中心与公差分布中心不重合情况

计算 C_{pk} 计算公式为：

$$C_{pk} = \frac{T}{6\sigma}(1 - K) = \frac{(USL - LSL)}{6\sigma}\left[1 - \frac{|\mu - (USL - LSL)/2|}{(USL - LSL)/2}\right] \quad (5\text{-}4)$$

式（5-4）中，K 为数据的过程分布中心和公差的存在偏移程度。

实际的过程能力指数可以用式（5-5）表示，即单边工艺的过程能力指数。

$$C_{pk} = \min\left\{\frac{\mu - LSL}{3\sigma},\ \frac{USL - \mu}{3\sigma}\right\} \quad (5\text{-}5)$$

在实际计算过程中，工艺分布中心 μ 一般不与 $M = (USL + LSL)/2$ 重合，计算得到的实际过程能力指数 C_{pk} 总是小于相重合理想情况下的潜在过程能力 C_p。将 C_p 称为潜在过程能力，C_{pk} 称为实际的过程能力。

5.2.3　过程能力指数评价

在现实生产过程中，过程能力能够简单准确反映过程的状态，在实施过程中，针对此时计算出的能力指数，控制者利用其计算值继续改进，让过程性能能够达到预测性，提高客户的满足程度，保持过程一直处于受控的状况。

过程受控与能力之间的关系可以分为四个等级：

（1）客户对能力满意，过程是受控状态，这是理想的情况；

（2）客户对能力不满意，过程是受控状态；

（3）客户对能力满意，过程是非受控的状态，这是可接受的状况；

（4）客户对能力不满意，过程是非受控状态。

从过程统计来看，会发现等级（1）的过程对生产来说是可接受的，在此基础上需要继续保持。等级（2）的过程对生产管理者来说，要找出普通的原因，数据紧密接近分布中心，需要进一步对过程能力进行提高。等级（3）的过程对生产管理者来说，要尽快找出影响能力的特殊原因，进行消除改进。等级（4）的过程对生产管理者来说，不但要找出影响过程的特殊原因，还要对调整普通原因的影响范围。在工业生产中，过程能力的值大小反映的是在整体过程中能够满足能力要求的程度，表 5-1 是工业生产对过程能力指数 C_p 的要求。

表 5-1　过程能力的判定标准

C_p	>1.67	1.33~1.67	1.00~1.33	0.67~1.00	<0.67
评价	过剩	充足	正常	不足	严重不足

上述的判断标准现在仅是在传统工业生产中适用，传统工业管理者认为 $C_p>1.67$ 是一种能力资源过剩，要对此种现象进行控制，避免无辜浪费。这只是传统行业对 C_p 的要求，在现代新工业中，尤其是与日俱增的元器件生产行业中，元器件对 C_p 的要求已经不再是这一观点，而是要求生产的每道工序的过程能力指数在 1.5 以上，不超过 2。

在实际电子制造业生产过程中，采集到的数据基本是非正态的情况，如果是采用正态数据的计算方法将导致一些错误，本书将针对这些错误对正态数据的处理提出模型并加以仿真计算。

5.3　电子制造业中存在的非正态工艺参数

大部分电子制造产业在生产过程中是运用 SPC 和 C_p 技术作为生产过程中的技术支持，进而提高产品的质量。但是在电子制造业中，传统的 SPC 和 C_p 技术在电子制造业中不能作为技术支持，因为在电子制造产业中存在一些特殊的工艺。对常规的技术使用条件是采集到的数据能够遵循“正态、独立、同分布”，这三个条件简称“IIND”，这三个条件缺一不可。在电子制造产业元器件的制造过程中，仅仅有一小部分能够同时满足这三个条件。以下是几种不满足“IIND”的情况。

（1）在同一组的数据中，存在不是完全独立的情况。电子制造业中生产电子元器件有一部分工序是成批生产的，因此存在一批零件中同时出现一种情况。电镀工序就是批量加工的代表，这就存在这一批电镀的零件的电镀厚度是同时偏大或者偏小，电镀出来的零件厚度就是不完全独立的，这不满足“IIND”三个条件中“独立”这一条件。

（2）采集到的不同组的数据不能够遵从同一正态分布的情况。电子制造产业中，许多工序属于多品种小批量的生产模式，在同样的工序中，根据不同产品的加工方法，参数不一样，所以采集到的工艺数据是服从不同的分布。这不满足“IIND”三个条件中的“同分布”这一条件。

（3）在同样的一道工序中，若干个工艺参数将共同支持多变量的情况。常规的控制图通过一个变量参数来表明工序的现有状况，然而在多数的现实生产过程中，有的工序需要多个工艺参数去统一表明工序状态。同一工序中多数的工艺参数一定存在着联系，采用常规的控制图将失去控制意义。

（4）生产工序中存在工艺参数值不是非正态分布的问题。常规控制图的使用前提是采集到的数据能遵循正态分布，即使是大多数遵循正态分布，但总是会出现采集到的数据不能够遵循正态分布，这样就不能使用常规控制图进行控制。在电子元器件的生产制造过程中，对芯片的黏结牢固程度的剪切力以及封装漏率指数采集后的数据都是非正态分布。当非正态分布下的数据值按照常规正态分布进行处理后，得出的结果必定与实际结果差别很大，其中的SPC方法、C_p评价都不能用传统的方法，这就是本章研究的重点。

5.4 非正态控制图与非正态过程能力指数的相关综述

5.4.1 非正态控制图

非正态分布下的控制图是在常规控制图的基础上发展的。自从1924年，休哈特首次发布控制图之后，就被广泛应用到企业的过程控制中。常规的休哈特控制图应用的假设前提条件是采集到的质量数据值的分布遵循正态分布，然而在现实生产过程中，正态性的假设是否合理备受质疑。随着社会的快速发展，各行各业对制造出的产品质量要求更加严格，致使对产品的工艺参数值遵从非正态分布的研究日益增多。因此综合国内外的研究文献，建立非正态分布下的过程控制图分为以下四种方法。

（1）增加样本容量。当样本的容量保持很大时，采集的样本数据均值分布遵循的是正态分布。因此对待非正态数据，需要对样本数据容量进行扩充，增加样本个数，再建立休哈特控制图，这种方法的理论来源是中心极限定理，但是成本高，操作上计算量大，不容易实现。

（2）所有分布统一而论，都应用常规控制图。此方法适用于偏移程度较小的情况，结果偏差不会很大。但是此种方法针对偏离程度比较大的情况将失去控制图的意义，并不适用。

（3）使用上、下控制界限不对称的控制图，保证出现的各个区域的概率值是相同的。当已知采集到的样本数据分布时，可以尝试以一个好控制图的覆盖能力为理论依据，将推导出其上、下不对称的控制线；在采集的样本数据遵循的基本分布未知情况下，需要以启发式算法为理论依据，对新的控制界限进行计算，以便取得能够接受覆盖能力。假设生产分布服从如 Weibull 分布和 Log-normal 分布等特定分布，由此根据分布可以知道具体参数，用第一类风险建立精确控制界限。在实际运用过程中，数据操作的流程对工程师的要求非常高，而且在一定样本数据中，观察遵循的分布情况，达到要求是很不容易的。

（4）使用转换的方法。通过采用 Johnson 变换或者对数变换等方法，将采集到的非正态样本数据变换成遵从正态分布的新数据，再建立正态数据过程控制图。这种办法具有操作简单、实现容易等优点，然而此方法并不是对所有的非正态分布下的数据都有效可行。

5.4.2　非正态过程能力指数

国内外众多学者对非正态分布下的过程能力指数做出大量研究。纵观大量参考文献，通常情况下将估算非正态下的过程能力指数方法归类为以下几种。

（1）转换法。通过采用 Johnson 变换或者对数变换等方法，将采集到的非正态样本数据变换成正态分布的数据，然后采用常规的新过程能力指数（PCIs）对其进行计算，这种方法虽然简单易操作，但是它也有其缺点，就是不能保证实时有效。

（2）曲线拟合法。以 Johnson 的曲线族和 Pearson 的曲线族为方法依托，并根据样本数据与非正态分布下的数据进行分布拟合，拟合之后再用结果中的百分位对 PCIs 进行计算。

（3）经验分布法。此方法能够利用小概率事件域构造质量特性波动性范围，并使波动概率为 99.73%，其优点是简单准确，对过程的适用性强。这种方法的理论依托是采集出样本数据的方差、均值、峰度和偏度四个参数，表明数据分布的特有性质。

（4）构建出非正态分下的新过程能力指数即 PCIs。此方法的使用条件是能够精准地判断出非正态过程的随机分布，以分布类型的概率特征为依据，估算出相对应的指数。

本书将非正态下的过程能力指数计算方法概括为转换法和非转换法两种分布，总结如图 5-5 所示。

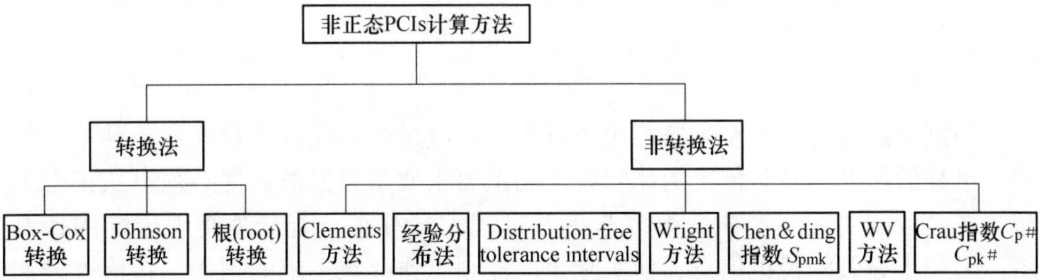

图 5-5 非正态下的过程能力指数计算方法

6 非正态过程控制图理论

控制图是被应用于实施监控生产过程，以改进产品质量为目的的一种重要的统计过程的图形工具。传统的休哈特控制图要求质量数据值数据必须遵从正态分布，在企业的实际生产中，很多非正态过程大量存在。若继续使用传统的控制图，因产生虚假的警报信息，使实际生产控制工作存在一定的困扰。在检查控制过程问题所在的时候，将降低生产率，失去使用控制图的意义。

本章介绍两种非正态下的过程控制图，一种是基于偏度校正（SC）法的非正态过程下的质量控制图，另一种是基于比例加权方差（SWV）非正态过程下的质量控制图。在本章的最后，要对两种控制图和加权方差（WV）控制图以及常规下的休哈特（SH）控制图进行应用性比较。

6.1 基于偏度校正的非正态控制图

6.1.1 偏度校正控制图的原理

本章的研究以 Chan[78] 提出的基于偏度校正的控制图为理论依据，在此基础上对控制图进行实际应用研究。此方法的本质就是根据分布校正休哈特控制图的控制界限。当研究的分布属于正态分布的时候，提出以偏度校正理论为依据的控制图就等同于常规的休哈特控制图。

偏度校正控制图是以 Cornish-Fisher 展开式作为理论基础，并设其随机变量 X 得到的均值是 0，且其 标准差 是 1，在展开式中 X_α 是 X 上侧的 α 分位数，Z_α 是数据在标准正态分布情况下的上侧 α 分位数。k_r 表示 X 的第 r 阶半不变量。因此通过 Cornish-Fisher 展开式可获得 X_α：

$$X_\alpha = Z_\alpha + \frac{1}{6}(Z_\alpha^2 - 1)k_3 + \frac{1}{24}(Z_\alpha^3 - 3Z_\alpha)k_4 - \frac{1}{36}(2Z_\alpha^3 - 5Z_\alpha)k_3^2 + K \quad (6\text{-}1)$$

由于 X 是标准化的随机变量，其中 k_3、k_4 是它的偏度和峰度。当公式中出现高阶项时，仅仅考虑 k_3 对分位数 α 的影响，以此降低计算的难度系数。

若 $\alpha_1 = 1 - 0.27\%/2$，$\alpha_2 = 1 - \alpha_1$，则 $Z_{\alpha_1} = 3$，$Z_{\alpha_2} = -3$。因此，可得：

$$\begin{cases} X_{\alpha_1} = 3 + \dfrac{4}{3}k_3 - \dfrac{13}{12}k_3^2 + \dfrac{3}{4}k_4 + K = 3 + \dfrac{4}{3}k_3 - \dfrac{13}{12}k_3^2 + Y_1 \\ X_{\alpha_2} = -3 + \dfrac{4}{3}k_3 + \dfrac{13}{12}k_3^2 - \dfrac{3}{4}k_4 + K = -3 + \dfrac{4}{3}k_3 + \dfrac{13}{12}k_3^2 + Y_2 \end{cases} \quad (6\text{-}2)$$

用 $\frac{4}{3}k_3h(k_3)$ 表示 $\frac{4}{3}k_3-\frac{13}{12}k_3^2+Y_1$ 和 $\frac{4}{3}k_3+\frac{13}{12}k_3^2+Y_2$，则式（6-2）可以表示为式（6-3）：

$$\begin{cases}X_{\alpha_1}\cong 3+\frac{4}{3}k_3h(k_3)=UCL\\ X_{\alpha_2}\cong -3+\frac{4}{3}k_3h(k_3)=LCL\end{cases}\tag{6-3}$$

分位数 X_{α_1}，X_{α_2} 表示 UCL，LCL，即控制图的上、下界限。当令 $X'=-X$，$k_3=-k_3'$ 时，那么 $-X_{\alpha_1}=LCL$，$X_{\alpha_2}=-X'_{\alpha_1}$，即 $h(k_3)=h(-k_3)$ 成立。

当 $c_4^*=\frac{4}{3}k_3h(k_3)$ 时，基于偏度校正理论的控制图具有以下几种性质：

（1）当 $k_3>0$ 时且较小时，质量的特性值所产生的分布比较接近于正态分布，第一类风险上下概率都接近常规控制图的 0.27%/2。

（2）当 $k_3>0$ 时且较大时，质量的特性值会出现分布向右偏移的状态，在存在偏差的情况下继续运用常规的休哈特控制图进行监控时，将会出现第一风险上概率值比下概率值大很多。因此当分布的状态存在偏移的时候，出现 α 的风险概率会增加。

当 $\lim\limits_{|k_3|\to\infty}k_3h(k_3)=0$ 时，计算出 $h(0)=1$，因此得出 $h(k_3)=\frac{1}{1+\delta k_3^2}$。$\delta$ 是参数，通过对多种偏态分布模拟，δ 的模拟值接近 0.2。在以下计算中，δ 的值为 0.2。

当采集到的质量特性值是 X 时，得到的均值是 0，标准差是 1 以及偏度是 k_3 时，基于偏度校正的控制图界限为：

$$\begin{cases}UCL=3+\dfrac{\frac{4}{3}k_3}{1+0.2k_3^2}\\ CL=0\\ LCL=-3+\dfrac{\frac{4}{3}k_3}{1+0.2k_3^2}\end{cases}\tag{6-4}$$

当控制图出现无任何偏移，即偏度值 k_3 为 0 的时候，偏度校正的控制图界限中，上控制界限 $UCL=3$，下控制界限 $LUL=-3$，中心线 $CL=0$，能够进一步验证在无偏移状态下，偏度校正控制图的控制界限就是常规的控制图界限。

6.1.2 基于偏度校正的均值-极差控制图

6.1.2.1 已知过程分布参数

当 X_1，X_2，X_3，…，X_n 是所采集数据的一组样本值时，其样本的均值是 μ_x

以及标准差是 σ_X，那么偏度校正均值-极差控制图的控制限为：

$$\begin{cases} UCL_{\overline{X}} = \mu_X + (3 + c_4^*)\sigma_X/\sqrt{n} \\ CL_{\overline{X}} = \mu_X \\ LCL_{\overline{X}} = \mu_X + (-3 + c_4^*)\sigma_X/\sqrt{n} \end{cases} \tag{6-5}$$

$$\begin{cases} UCL_R = \mu_R + (3 + d_4^*)\sigma_R \\ CLR = \mu_R \\ LCL_R = \mu_R + (-3 + d_4^*)\sigma_R \end{cases} \tag{6-6}$$

式中，c_4^* 和 d_4^* 是偏度校正系数。当 LCL_{R} 出现负值时，令 $LCL_{\mathrm{R}}=0$。偏度校正系数为：

$$c_4^* = \frac{\frac{4}{3}k_3(\overline{X})}{1 + 0.2k_3^2(\overline{X})} \tag{6-7}$$

$$d_4^* = \frac{\frac{4}{3}k_3(R)}{1 + 0.2k_3^2(R)} \tag{6-8}$$

式中，$k_3(\overline{X})$ 为所计算的样本均值；$k_3(R)$ 为所计算出的样本极差偏度。

6.1.2.2　未知过程分布参数

当 X_{i1}，X_{i2}，X_{i3}，…，X_{in}，$i=1$，2，…，r 是采集的一组样本值，每一个子组的容量是 n，该组的样本值的总体分布未知。则 $SC_{\overline{X}-R}$ 图控制界限为：

$$\begin{cases} UCL_{\overline{X}} = \overline{\overline{X}} + \left(3 + \dfrac{\frac{4}{3}k_3(\overline{X})}{1 + 0.2k_3^2(\overline{X})}\right)\dfrac{\overline{R}}{d_2^*\sqrt{n}} = \overline{\overline{X}} + A_{\mathrm{U}}^*\overline{R} \\ CL_{\overline{X}} = \overline{\overline{X}} \\ LCL_{\overline{X}} = \overline{\overline{X}} + \left(-3 + \dfrac{\frac{4}{3}k_3(\overline{X})}{1 + 0.2k_3^2(\overline{X})}\right)\dfrac{\overline{R}}{d_3^*\sqrt{n}} = \overline{\overline{X}} - A_{\mathrm{L}}^*\overline{R} \end{cases} \tag{6-9}$$

在式（6-9）中，非正态分布下的控制图中 d_2^* 和 d_3^* 与常规正态分布下的休哈特控制图 d_2 和 d_3 的控制常量相同。表 6-1 是 $SC_{\overline{X}}$ 图控制界限中常量 A_{U}^* 和 A_{L}^* 的取值。

表 6-1 $SC_{\overline{X}}$图的常量 A_U^* 和 A_L^* 取值

k_3	n=2		n=3		n=4		n=5		n=7		n=10	
	A_U^*	A_L^*	A_U^*	A_L^*	A_U^*	A_L^*	A_U^*	A_L^*	A_U^*	A_L^*	A_U^*	A_L^*
0.0	1.88	1.88	1.03	1.03	0.73	0.73	0.58	0.58	0.42	0.42	0.31	0.31
0.4	2.14	1.67	1.13	0.92	0.82	0.69	0.63	0.53	0.45	0.39	0.33	0.29
0.8	2.37	1.47	1.25	0.84	0.87	0.61	0.68	0.50	0.48	0.37	0.35	0.28
1.2	2.61	1.32	1.37	0.77	0.95	0.57	0.74	0.46	0.52	0.35	0.37	0.26
1.6	2.83	1.22	1.49	0.72	1.03	0.54	0.79	0.44	0.56	0.33	0.39	0.25
2.0	3.02	1.15	1.60	0.68	1.10	0.51	0.85	0.42	0.59	0.32	0.42	0.25
2.4	3.19	1.12	1.69	0.65	1.18	0.49	0.91	0.40	0.63	0.30	0.44	0.23
2.8	3.32	1.13	1.78	0.64	1.24	0.47	0.95	0.39	0.66	0.29	0.46	0.22
3.2	3.45	1.16	1.86	0.64	1.29	0.47	1.00	0.38	0.69	0.29	0.48	0.22
3.6	3.52	1.20	1.92	0.65	1.34	0.47	1.04	0.37	0.72	0.28	0.50	0.21
4.0	3.59	1.52	1.97	0.66	1.39	0.47	1.07	0.37	0.75	0.27	0.51	0.21

SC_R 极值控制图的界限为：

$$\begin{cases} UCL_R = \left[1 + (3 + d_4^*)\dfrac{d_3^*}{d_2^*}\right]\overline{R} = D_4^*\overline{R} \\ CL_R = \overline{R} \\ LCL_R = \left[1 + (-3 + d_4^*)\dfrac{d_3^*}{d_2^*}\right]\overline{R} = D_3^*\overline{R} \end{cases} \tag{6-10}$$

式（6-10）中的 D_3^* 和 D_4^* 取值见表 6-2。

表 6-2 SC_R 图中常量 D_3^* 和 D_4^* 取值

k_3	n=2		n=3		n=4		n=5		n=7		n=10	
	D_4^*	D_3^*	D_4^*	D_3^*	D_4^*	D_3^*	D_4^*	D_3^*	D_4^*	D_3^*	D_4^*	D_3^*
0.0	4.12	0.00	2.93	0.00	2.53	0.00	2.30	0.10	2.06	0.24	1.88	0.35
0.4	4.21	0.00	3.06	0.00	2.69	0.01	2.40	0.14	2.16	0.27	1.98	0.38
0.8	4.41	0.00	3.28	0.00	2.85	0.07	2.61	0.17	2.36	0.29	2.17	0.39
1.2	4.70	0.00	3.58	0.00	3.13	0.09	2.88	0.17	2.61	0.28	2.41	0.37
1.6	5.03	0.00	3.90	0.00	3.44	0.07	3.17	0.15	2.88	0.26	2.65	0.34
2.0	5.32	0.00	4.20	0.00	3.71	0.03	3.44	0.11	3.13	0.21	2.90	0.28
2.4	5.60	0.00	4.46	0.00	3.97	0.00	3.69	0.06	3.37	0.16	3.11	0.24
2.8	5.85	0.00	4.71	0.00	4.21	0.00	3.92	0.05	3.58	0.11	3.31	0.19
3.2	6.09	0.00	4.93	0.00	4.42	0.00	4.13	0.00	3.78	0.00	3.50	0.14
3.6	6.27	0.00	5.12	0.00	4.61	0.00	4.31	0.00	3.96	0.00	3.67	0.09
4.0	6.44	0.00	5.30	0.00	4.79	0.00	4.48	0.00	4.11	0.00	3.81	0.04

在一般情况下，式（6-11）是对 k_3 进行估计，式（6-12）是对样本均值进行估计，式（6-13）是对样本数据的标准差进行估算，具体如下所示：

$$k_3^* = \frac{1}{nr-3}\sum_{i=1}^{r}\sum_{j=1}^{n}\left(\frac{X_{ij}-\overline{\overline{X}}}{S_{nr}}\right)^3 \tag{6-11}$$

$$\overline{\overline{X}} = \frac{1}{nr}\sum_{i=1}^{r}\sum_{j=1}^{n}X_{ij} \tag{6-12}$$

$$S_{nr} = \sqrt{\frac{1}{nr-1}\sum_{i=1}^{r}\sum_{j=1}^{n}(X_{ij}-\overline{\overline{X}})^2} \tag{6-13}$$

6.1.3　Minitab 模拟数据研究

以下是利用 Minitab 软件产生随机非正态分布的数据，见表 6-3。

表 6-3　随机非正态分布样本数据

序号	1	2	3	4	5	6	7	8	9	10
1	2.980	2.977	2.983	2.962	2.961	3.025	2.973	2.961	2.963	2.980
2	2.985	2.981	3.030	3.000	3.040	3.002	2.964	2.971	2.974	2.971
3	2.995	2.974	2.991	2.959	3.064	3.120	2.959	2.958	2.965	2.959
4	2.959	3.175	2.981	2.979	3.015	3.005	2.979	2.979	2.853	2.963
5	2.980	3.017	2.997	3.030	3.042	3.005	3.046	3.012	2.982	2.967
$\overline{X}$	2.980	3.025	2.996	2.986	3.024	3.031	2.984	2.976	2.958	2.968
R	0.036	0.201	0.049	0.071	0.103	0.118	0.087	0.054	0.129	0.021
序号	11	12	13	14	15	16	17	18	19	20
1	3.013	2.961	2.982	3.032	2.967	2.973	2.960	2.964	3.003	2.962
2	3.001	2.982	3.000	2.967	2.961	2.961	2.962	3.001	3.212	2.977
3	2.967	2.986	2.981	2.970	2.967	2.960	2.977	2.985	3.018	2.961
4	2.999	2.967	2.964	2.962	3.038	3.002	2.961	2.970	2.968	2.984
5	2.990	2.976	2.981	2.969	2.969	3.005	2.968	2.979	2.993	3.137
$\overline{X}$	2.994	2.974	2.982	2.980	2.980	2.980	2.966	2.980	3.039	3.004
R	0.046	0.025	0.036	0.070	0.077	0.045	0.017	0.037	0.244	0.176

根据表 6-3 计算得出计算 SC 控制界限需求参数为：样本容量 $N=100$，子样本容量 $n=5$，$\overline{\overline{X}}=2.990$，$\overline{R}=0.082$，$S_{nr}=0.508$，$k_3^*=2.4$，通过查表 6-1 和表 6-2，$A_U^*=0.91$，$A_L^*=0.40$，$D_3^*=0.06$，$D_4^*=3.69$。

根据前述计算方法计算控制图界限并建立 SC 的 $\overline{X}$ 图和 R 图，如图 6-1 和图 6-2 所示。

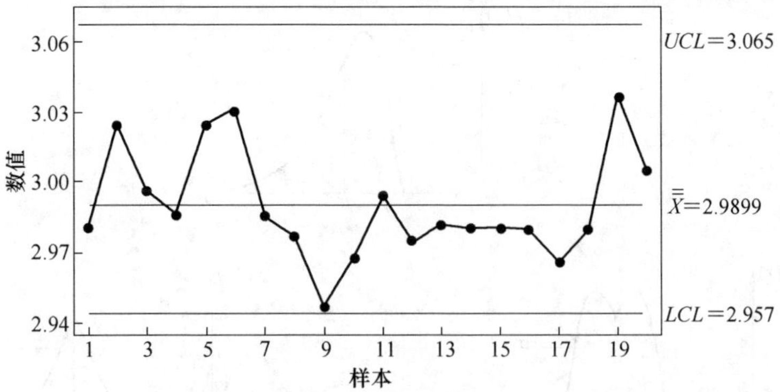

图 6-1 SC 的 $\bar{X}$ 图

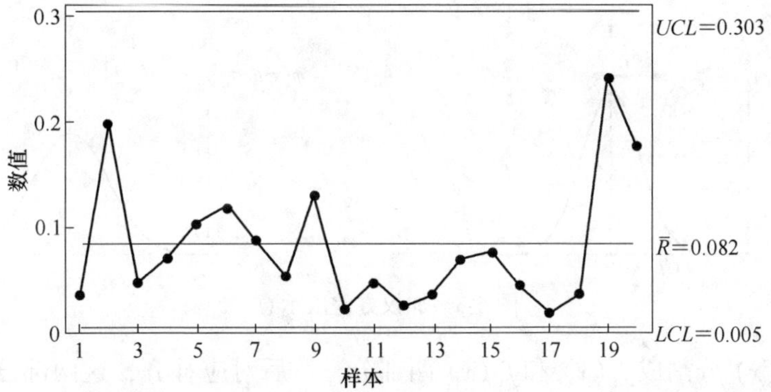

图 6-2 SC 的 R 图

运用 Minitab 软件工具产生的非正态分布的随机数据，并绘制相应控制图，观察图 6-1 和图 6-2，得出结论：随机产生的非正态数据都在控制范围之内，代表此过程受控。

6.2 基于比例加权方差的非正态控制图

6.2.1 比例加权控制图的原理

比例加权方差控制图是在加权方差控制图的基础上发展而来的，加权方差控制图的原理如图 6-3 所示。在以下研究中，加权方差控制图简称为 WV，比例加权方差控制图简称为 SWV。

Choobineh 和 Ballard 提出的加权控制图基本步骤如下，其中将 $\varphi(x)$ 、$\phi(x)$ 设定为 N(0, 1) 的概率密度函数和累计概率密度函数，若一组样本数据 X 出现的概率密度函数为 $f(x)$，则用 $\mu = \mathrm{E}(x)$ 来表示其均值，$\sigma^2 = \mathrm{Var}(x)$ 用来表示其方差。

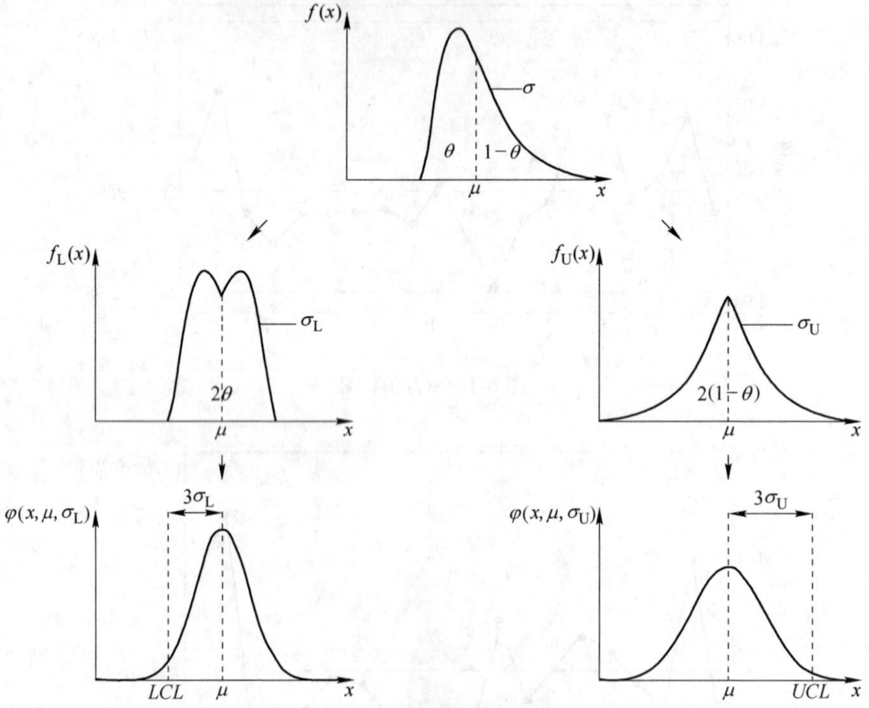

图 6-3　加权方差法示意

（1）$f(x)$ 分割成 $f_L(x)$ 和 $f_U(x)$ 两部分，然后对应补齐，这两部分有相同的均值，但是方差不同。

（2）这两个新的分布对应的密度函数分别为：

$$\varphi(x,\ \mu,\ \sigma_L) = \frac{\varphi\left(\dfrac{x-\mu}{\sigma_L}\right)}{\sigma_L} \tag{6-14}$$

$$\varphi(x,\ \mu,\ \sigma_U) = \frac{\varphi\left(\dfrac{x-\mu}{\sigma_U}\right)}{\sigma_U} \tag{6-15}$$

对于新分布的方差可以用两个分布的半方差近似值表示，即 $\sigma_L^2 \approx 2(1-\theta)\sigma^2$ 和 $\sigma_U^2 \approx 2\theta\sigma^2$，所以 WV 控制图表示为：

$$\begin{cases} UCL = \mu + \varphi^{-1}\left(1-\dfrac{\alpha}{2}\right)\sigma\sqrt{\dfrac{2(1-\theta)}{n}} \\ CL = \mu \\ LCL = \mu - \varphi^{-1}\left(1-\dfrac{\alpha}{2}\right)\sigma\sqrt{\dfrac{2(1-\theta)}{n}} \end{cases} \tag{6-16}$$

在图 6-3 中，$f_L(x)$ 的函数的覆盖面积是 2θ，$f_U(x)$ 的函数覆盖面积是 $2(1-\theta)$。若 $\theta = 0.5$，两者的概率密度值是 1，若是其他值，$f_L(x)$ 和 $f_U(x)$ 不是概率密度公式。这充分说明当分布为非正态分布时，将会给结果造成误差。

SWV 方法可以弥补 WV 方法在正态分布中存在的瑕疵，SWV 是将分割的两个分布重新定义其概率密度函数为 $\varphi(x, \mu, \sigma_L, 2\theta)$ 和 $\varphi(x, \mu, \sigma_U, 2(1-\theta))$，其均值为 μ，方差是 σ_L^2 和 σ_N^2，即 SWV 公式为：

$$\int_{-\infty}^{+\infty} \varphi(x, \mu, t, k)\,dx = \frac{k^{3/2}}{t}\varphi\left[\frac{(x-\mu)\sqrt{k}}{t}\right] \tag{6-17}$$

式中，$\frac{k^{3/2}}{t}$ 为比例因子。

式（6-17）具有以下性质：

$$\int_{-\infty}^{+\infty} \varphi(x, \mu, t, k)\,dx = k \tag{6-18}$$

$$\int_{-\infty}^{+\infty} (x-\mu)^2 \varphi(x, \mu, t, k)\,dx = t^2 \tag{6-19}$$

6.2.2 基于比例加权方差法的均值控制图

在 SWV 中，$\varphi(x, \mu, t, k)$ 取代了 WV 中的 $\varphi(x, \mu, t)$，因此 SWV 控制图的控制界限为：

$$\begin{cases} UCL = \mu + \sqrt{\dfrac{\theta}{n(1-\theta)}}\varphi^{-1}\left[1 - \dfrac{\alpha}{4(1-\theta)}\right]\sigma \\ CL = \mu \\ LCL = \mu - \sqrt{\dfrac{1-\theta}{n\theta}}\varphi^{-1}\left(1 - \dfrac{\alpha}{4\theta}\right)\sigma \end{cases} \tag{6-20}$$

$\theta = 0.5$ 时，$\alpha = 0.0027$，控制界限为：

$$\begin{cases} UCL = \mu + 3\dfrac{\sigma}{\sqrt{n}} \\ LCL = \mu - 3\dfrac{\sigma}{\sqrt{n}} \end{cases} \tag{6-21}$$

在式（6-21）中，计算控制界限时，需要两个约束，即 $0 < 1 - \frac{\alpha}{4\theta} < 1$ 和 $0 < 1 - \frac{\alpha}{4(1-\theta)} < 1$ 两个约束联立，解得 $\frac{\alpha}{4} < \theta < 1 - \frac{\alpha}{4}$。

在实际应用过程中，μ、σ 以及 θ 是未知的，需要从 m 个样本、每个子组样本容量为 n 的观测值 X_{ij} 中进行估计。其估计计算如下：

$$\hat{\mu} = \frac{1}{mn}\sum_{i=1}^{m}\sum_{j=1}^{n} X_{ij} \tag{6-22}$$

$$\hat{\theta} = \frac{1}{mn}\sum_{i=1}^{m}\sum_{j=1}^{n} \delta(\mu - X_{ij}) \tag{6-23}$$

$$\sigma = \overline{R}/d_2 \tag{6-24}$$

当 $\mu = 0$，$\delta(\mu) = 1$。

文献［79］采用 W_L 和 W_U 作为控制常量，即 SWV 控制界限为：

$$UCL = \hat{\mu} + \frac{W_U}{3}\sqrt{\frac{1}{2(1-\hat{\theta})}}\varphi^{-1}\left(1 - \frac{\alpha}{4\hat{\theta}}\right)\overline{R} \tag{6-25}$$

$$LCL = \hat{\mu} + \frac{W_L}{3}\sqrt{\frac{1}{2\hat{\theta}}}\varphi^{-1}\left(1 - \frac{\alpha}{4\hat{\theta}}\right)\overline{R} \tag{6-26}$$

计算时设定 $\alpha = 0.0027$，根据表 6-3 计算得出 SWV 控制界限需求参数为：样本容量 $N = 100$，子样本容量 $n = 5$，$\overline{\overline{X}} = 2.9899$，$\overline{R} = 0.082$，$\hat{\theta} = 0.62$，$W_U = 0.71$，$W_L = 0.56$。

由此计算控制图界限并建立 SWV 控制图，如图 6-4 所示。

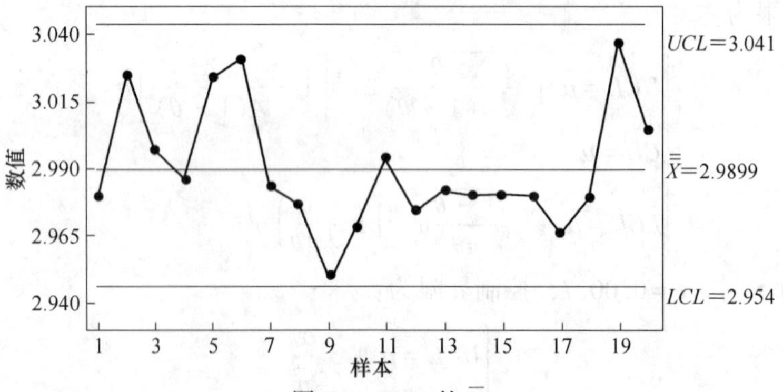

图 6-4　SWV 的 $\overline{X}$

6.3　均值-极差控制图比较

根据 Minitab 软件模拟出的随机数据，对偏度校正（SC）控制图、比例加权方法（SWV）控制图、休哈特（SH）控制图和加权方差（WV）控制图进行应用性比较。在比较之前，首先对加权方差控制图（WV）和休哈特（SH）控制图进行简单介绍。

加权方差的控制图的控制界限为：

$$\begin{cases} UCL_{\overline{X}} = \overline{\overline{X}} + A_{U(WV)}\overline{R} \\ CL_{\overline{X}} = \overline{\overline{X}} \\ LCL_{\overline{X}} = \overline{\overline{X}} - A_{L(WV)}\overline{R} \end{cases} \tag{6-27}$$

$$\begin{cases} UCL_R = D_{4(WV)}\overline{R} \\ CL_R = \overline{R} \\ LCL_R = D_{3(WV)}\overline{R} \end{cases} \tag{6-28}$$

常规的休哈特控制图（SH）的控制界限为：

$$\begin{cases} UCL_{\overline{X}} = \overline{\overline{X}} + A_2\overline{R} \\ CL_{\overline{X}} = \overline{\overline{X}} \\ LCL_{\overline{X}} = \overline{\overline{X}} - A_2\overline{R} \end{cases} \tag{6-29}$$

$$\begin{cases} UCL_R = D_4\overline{R} \\ CL_R = \overline{R} \\ LCL_R = D_3\overline{R} \end{cases} \tag{6-30}$$

通过比较法，分析四种控制图的控制能力，运用以上四种控制图的计算式绘制出控制图，如图 6-5 和图 6-6 所示。

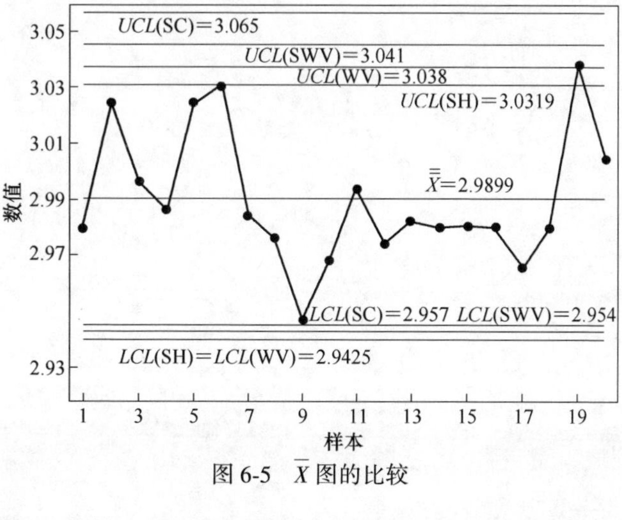

图 6-5 $\overline{X}$ 图的比较

通过观察图 6-5，第 19 组样本值超过了常规的休哈特控制图和加权方差控制图的界限，所有样本值的控制点都没超越偏度校正和比例加权方差法这两种控制图的控制图界限。在图 6-6 中发现，采集到的第 2 组样本控制点的值是 0.201，

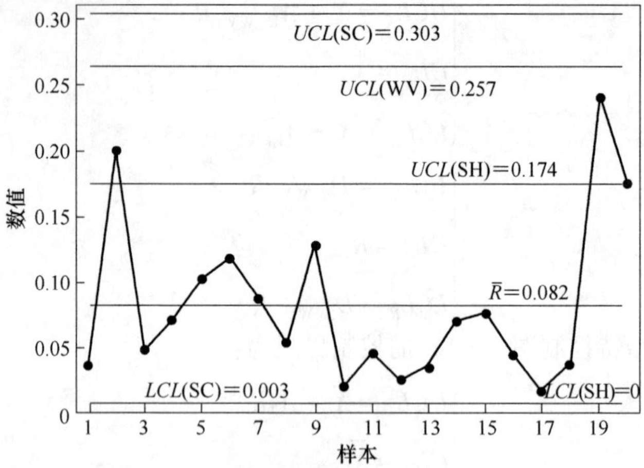

图 6-6　*R* 图的比较

第 19 组样本控制点的值 0. 244，第 20 组样本控制点的值是 0. 176，都超越常规休哈特控制图的控制上界限 0. 174。偏度校正控制图的控制界限是 0. 303，所有样本值都没有超过其界限。

通过比较可以表明：偏度校正（SC）控制图和比例加权方差（SWV）控制图都能够对非正态分布下的过程特点进行全面考虑，两种方法不但覆盖能力好，也能对过程进行监控；通过对综合模拟数据控制图进行分析可以看出，偏度校正（SC）和比例加权方差（SWV）的控制图与其他控制图进行比较时，其两者具有更好的稳健性。

7 非正态过程能力评价模型

在实际生产过程中，根据采集到的数据对过程能力指数进行计算，其根本目的是为了降低生产过程中出现不合格品的概率，然而好多生产过程中采集到的质量数据值违背了计算过程能力指数的假设条件，即数据不遵从正态分布。随着科技的发展，对产品的质量要求更加严格，因此对非正态下的过程能力分析研究变得尤为重要。

7.1 过程能力指数与成品率之间的关系

7.1.1 过程能力指数 C_{pk} 与成品率关系概述

过程能力指数能够简洁直观地反映出工艺加工的成品率高低，过程能力指数越高，加工出来成品率会更高，工艺水平也就越高。

在实际过程中，当采集到的样本均值并不与规格的中间值重合时，两者之间的标准差也存在差异时，即使在最后的结果中可以看出过程的能力指数相同，但是成品率也会不一样。对于正态分布，当采集数据的过程分布中心与规格中心重合时，不同偏离程度下的工艺不合格率与过程能力指数之间的关系如图 7-1 所示。

当规范中心与均值的偏离程度逐步增大的时候，从曲线关系中可知，对应的不合格品率却在逐步降低，所以过程能力指数与成品率并不是逐一对应的关系。因此在使用过程能力指数评价生产过程时，必须考虑偏离情况的存在。

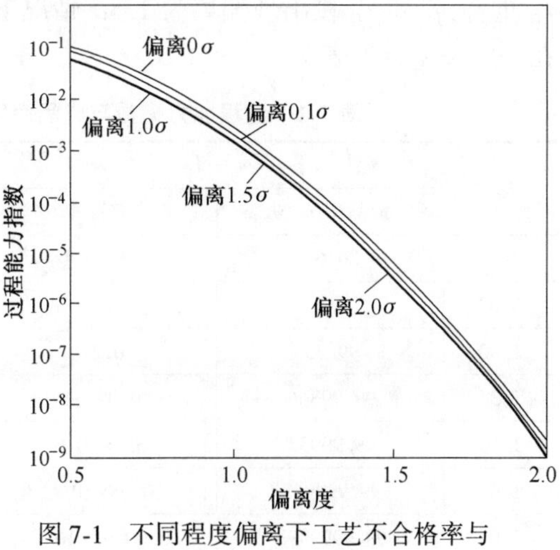

图 7-1　不同程度偏离下工艺不合格率与过程能力指数关系曲线

在通常情况下，若是采集到的产品质量的特性值 X 遵循正态分布 $N(\mu,\ \sigma^2)$，则所采集数据的生产过程出现的成品率 η 为：

$$\eta = P(T_L \leqslant X \leqslant T_U) \quad (7\text{-}1)$$

对式（7-1）进行推导，得到：

$$
\begin{aligned}
\eta &= 1 - P(X < T_{\mathrm{L}}) - P(X > T_{\mathrm{U}}) \\
&= 1 - P\left(\frac{X-\mu}{\sigma} < \frac{T_{\mathrm{L}}-\mu}{\sigma}\right) - P\left(\frac{X-\mu}{\sigma} > \frac{T_{\mathrm{U}}-\mu}{\sigma}\right) \\
&= \phi\left(\frac{T_{\mathrm{U}}-\mu}{\sigma}\right) - \left(\frac{T_{\mathrm{L}}-\mu}{\sigma}\right)
\end{aligned}
\tag{7-2}
$$

在式（7-2）中的 ϕ 表示 $N(0, 1)$ 累积分布函数。若定义 $T_0 = (T_{\mathrm{U}} + T_{\mathrm{L}})/2$，$d = (T_{\mathrm{U}} - T_{\mathrm{L}})/2$，则有 $T_{\mathrm{U}} = T_0 + d$，$T_{\mathrm{L}} = T_0 - d$，将其代入式（7-2）中，得到：

$$
\eta = \phi\left(\frac{T_0 + d - \mu}{\sigma}\right) - \phi\left(\frac{T_0 - d - \mu}{\sigma}\right) \tag{7-3}
$$

现将式（7-3）做一个变换，得到：

$$
\eta = 1 - \phi\left(\frac{d + \mu - T_0}{d} \times \frac{d}{\sigma}\right) - \phi\left(-\frac{d - \mu + T_0}{d} \times \frac{d}{\sigma}\right) \tag{7-4}
$$

现设 $\delta = (\mu - T_0)/d$，$\gamma = \delta/d$，将其代入式（7-4）中，得到：

$$
\eta = 1 - \Phi\left(-\frac{1+\delta}{\gamma}\right) - \Phi\left(-\frac{1-\delta}{\gamma}\right) \tag{7-5}
$$

观察式（7-5）可以发现，η 是关于 δ 的一个对称函数，可以把式（7-5）改写为：

$$
\eta = 1 - \Phi\left(-\frac{1+|\delta|}{\gamma}\right) - \Phi\left(-\frac{1-|\delta|}{\gamma}\right) \tag{7-6}
$$

结合式（7-6），推导出成品率 η 与过程的能力指数 C_{pk} 的关系为：

$$
\eta = 1 - \Phi(-3C_{\mathrm{pk}}) - \Phi\left[-\frac{3C_{\mathrm{pk}}(1+|\delta|)}{1-|\delta|}\right] \tag{7-7}
$$

在了解成品率与过程能力指数的关系后，先对数据进行一定的分析，取 μ 和 T_0 重合，μ 和 T_0 在出现偏离为 1.5σ 情况下，其过程的能力指数与成品率之间存在一定关系，见表 7-1。

表 7-1　过程能力指数与成品率以及不合格品率之间的关系

C_{pk}	$\mu = T_0$		μ 与 T_0 偏离 1.5σ	
	成品率 η/%	不合格品率/%	成品率 η/%	不合格品率/%
0.5	86.64	13.3614	93.319	6.6810
0.67	95.45	4.5500	97.725	2.2750
1.00	99.73	0.27	99.865	0.135
1.33	99.99366	0.00634	99.99683	0.00317
1.50	99.99932	6.8×10^{-4}	99.99966	3.4×10^{-4}
1.67	99.999942	0.58×10^{-4}	99.999971	0.29×10^{-4}
2.00	99.9999998	0.00197×10^{-4}	99.999999902	0.00098×10^{-4}

当计算出过程能力时，可以根据表7-1内容对其成品率进行估计。

7.1.2 非正态过程下等效过程能力指数评价

过程能力指数的基本功能不但是对生产制造过程水平进行有效的评价，也能依此评价出生产制造过程中成品率的高低。本节以 6σ 设计为思路依据，构建出等效过程能力指数的评价模型。不但适用于常规正态过程能力的计算，也可以应用于非正态过程工艺。

等效过程能力的基本含义是某一生产工序产出的成品率是 η，则用 P 值对成品率进行评价，即

$$\eta = \phi(1.5 + P) - (1.5 - P) \tag{7-8}$$

根据 P 值，对过程能力的计算为：

$$C_{pk} = P/3 - 0.5 \tag{7-9}$$

即 C_{pk} 可以被称为等效的过程能力指数，也可以记作"C_{pe}"。通过式（7-8）和式（7-9）可以推导出计算等效的过程能力指数最关键是成品率的计算。

综合上述指数的计算式，可以把等效过程下的能力指数计算程序分为4个步骤进行，具体步骤如下：

（1）采集生产过程的质量值。为了最后计算的可信度比较高，至少采集数据100个以上，此步骤与常规的能力计算并无区别。

（2）确定数据分布的规律，并且描述分布规律的参数。这个步骤首先要检验实际质量数据所遵循的分布情况，然后提取分布函数的参数，以此计算出成品率以及等效的过程能力指数。

（3）计算工艺成品率。将采集到的数据进行分布 $f(\theta, X)$，并确定参数 θ，由此计算出成品率 $\eta = \int_{T_L}^{T_U} f(\theta, X)\mathrm{d}x$。在一些工艺过程中，标准值的参数值只对上规范有要求，这时 $T_L = 0$，当对下规范有要求时，T_U 为无穷大。在这里需要提及的是，现代化的电子制造与生产过程中，很多过程的成品率达到99.99998%，η 的精确率已经达到八位数以上，因此对待不同的分布，运用不同的算法进行计算，结果更加精确。

（4）计算等效过程能力 C_{pe}。首先由计算的成品率对该过程设计水平 P 值进行计算，由式（7-8）计算，计算出 P 值之后，运用式（7-9）计算 C_{pe}。

对工序过程能力进行评价的时候，运用 C_{pe} 进行评价的时候，具有以下优势：

（1）能够在保留传统的过程能力指数相关理念的基础上，构建出统一的过程能力指数评价模型。

（2）采用拟合方法提取描述正态分布的均值和标准偏差，计算结果的精准度有所提高，而且覆盖范围广。

(3) C_{pe}评价方法可以对质量值遵从的不是正态分布的情况进行评价，一些元器件生产中存在这种特殊情况。因此，等效过程能力指数能够被广泛应用。

(4) C_{pe}与产生不合格品率的关系是一对一的关系。在众多工序中，即使采集数据的分布不同，分布中心与规格中心存在不同程度的偏离，但是只要它们等效的过程能力指数一致相同，则它们不合格品率一定相同。即等效过程能力指数能够统一描述不同工艺水平的高低，帮助管理者进行工艺评价。

C_{pe}是在知道过程数据的分布情况下对累积分布函数进行计算，以获得成品率。现代电子制造领域中，对于每一过程要求都很高，即计算出的过程能力指数大于等于2，这样大的指数值对分布函数的累计函数精度要求比较高，不容易满足要求。在 Minitab 软件计算非正态在的过程能力时，在计算中可以进行参考。

7.2　非正态过程能力分析模型

7.2.1　基于 Box-Cox 转换模型的过程能力分析

研究 Box-Cox[80] 的转换模型时，以多元线性回归模型为研究基础，设有随机变量 x_1，x_2，x_3，…，x_t 和 y 之间的关系为：

$$E(\boldsymbol{y}) = \beta_0 + \beta_1 x_1 + \cdots + \beta_t x_t \tag{7-10}$$

则回归方程模型为：

$$\boldsymbol{y} = \begin{bmatrix} y_1 \\ y_2 \\ \vdots \\ y_n \end{bmatrix}, \boldsymbol{\beta} = \begin{bmatrix} \beta_1 \\ \beta_2 \\ \vdots \\ \beta_n \end{bmatrix}, \boldsymbol{X} = \begin{bmatrix} 1 & x_{11} & \cdots & x_{1t} \\ 1 & x_{21} & \cdots & x_{2t} \\ \vdots & \vdots & & \vdots \\ 1 & x_{n1} & \cdots & x_{nt} \end{bmatrix}, \boldsymbol{\varepsilon} = \begin{bmatrix} \varepsilon_1 \\ \varepsilon_2 \\ \vdots \\ \varepsilon_n \end{bmatrix}$$

因此回归方程可以写成：

$$\boldsymbol{y} = \boldsymbol{X\beta} + \boldsymbol{\varepsilon} \tag{7-11}$$

在转换过程中，线性的回归模型需要同时满足下面 4 个条件才能进行应用。

(1) 线性函数。x_1，x_2，x_3，…，x_t 的线性函数是 $E(\boldsymbol{y})$；

(2) 独立性。x_1，x_2，x_3，…，x_t 能够相互独立；

(3) 相等性。$D(\varepsilon_1)$，$D(\varepsilon_2)$，…，$D(\varepsilon_n)$ 相等；

(4) 正态性。ε_1，ε_2，…，ε_n 遵从正态分布。

Box-Cox 转换模型是在以上 4 个条件都符合要求的情况下，才能实现如下转换：

$$Y = \begin{cases} \dfrac{x^{\lambda} - 1}{\lambda} & \lambda = 0 \\ n \cdot \mathrm{L} \cdot X & \lambda \neq 0 \end{cases} \tag{7-12}$$

式中，λ 为待定系数。

在转换过程中，一定会满足 $X \geqslant 0$，出现特殊情况 $X<0$ 时，对 X 进行平行移动就可以。在进行转换时，运用极大似然估计法确定恰当的 λ 值，并且要满足：

$$z_j^{(\lambda)} = \frac{y^{(\lambda)}}{\left(\prod_{i=1}^{n} y_i\right)^{\frac{\lambda-1}{n}}}(j = 1, 2, \cdots, n) \tag{7-13}$$

建立 $z^{(\lambda)}$ 的回归方程，计算其残差平方和 see(λ, z)，并使其满足：

$$\mathrm{see}(\lambda, z) = \min \tag{7-14}$$

式（7-14）转换成功的条件是参数 λ 能够使转换后的数据遵从独立的正态分布，即为：

$$\frac{\mathrm{d}}{\mathrm{d}x}\left(\frac{x^{\lambda} - 1}{\lambda}\right) = x^{\lambda - 1} \tag{7-15}$$

其极大似然函数为：

$$L(\mu, \sigma) = \frac{1}{(2\pi)^{n/2}\sigma^{n}}\prod_{i=1}^{n} \mathrm{e}^{\frac{-\left(\frac{x_i^{\lambda}}{\lambda}-\mu\right)}{2\sigma^{2}}}\prod_{i=1}^{n} x_i^{\lambda - 1} \tag{7-16}$$

通过对式（7-16）的对数转换处理，可以得到：

$$L(\mu, \sigma) = -\frac{n}{2}\ln(2\pi) - n\ln\sigma - \sum_{i=1}^{n}\frac{\left(\frac{x_i^{\lambda} - 1}{\lambda} - \mu\right)}{2\sigma^{2}} + (\lambda - 1)\ln x_i \tag{7-17}$$

接下来运用极大似然法进行估计，若转换后数据要遵从独立的正态分布，则变换后数据的均值估计为：

$$\mu = \frac{1}{n}\sum_{i=1}^{n}\frac{x_i^{\lambda} - 1}{\lambda} \tag{7-18}$$

采取的极大似然法能够对采集数据的标准差进行估计，其计算式为：

$$\sigma = \sqrt{\frac{1}{n}\sum_{i=1}^{n}\left(\frac{x_i^{\lambda} - 1}{\lambda} - \frac{1}{n}\sum_{i=1}^{n}\frac{x_i^{\lambda} - 1}{\lambda}\right)^{2}} \tag{7-19}$$

已知式（7-17）和式（7-18），将其代入式（7-19）中，发现在式（7-19）中，仅有 λ 一个未知参数，对该公式进行微分后能够计算出 λ。在计算过程中为了简便化，一般选取计算技术实现转换。

利用 Minitab 软件产生一组非正态分布下，容量为 100 的随机样本数据，见表 7-2。

运用 Minitab 软件按照要求产生随机数据，然后利用 Box-Cox 技术进行转换，转换后得到的新数据见表 7-3。

在产生新的非正态数据后，要对其进行正态性检验，其检验结果如图 7-2 所示。

表 7-2 产生随机非正态分布样本数据

序号	1	2	3	4	5	6	7	8	9	10
1	3.651	0.686	6.671	0.233	1.021	0.210	6.139	2.547	0.390	1.964
2	0.531	0.350	0.807	0.551	1.925	0.444	6.894	0.102	3.777	1.900
3	1.324	4.640	2.297	1.491	1.611	0.643	0.040	0.089	5.737	0.099
4	1.425	1.303	2.184	0.734	0.186	2.448	0.693	0.448	0.246	2.130
5	3.559	0.069	3.843	3.799	4.688	3.450	0.422	0.591	2.238	3.551
序号	11	12	13	14	15	16	17	18	19	20
1	0.012	7.607	3.699	13.128	5.393	3.689	5.795	0.906	1.175	7.937
2	0.783	0.098	2.285	2.857	0.416	0.692	0.142	1.173	0.026	0.463
3	0.729	0.606	28.643	1.578	1.758	0.268	2.330	22.10	0.212	0.014
4	5.614	1.318	0.142	0.103	0.997	0.276	7.186	0.417	0.243	6.535
5	5.120	0.106	3.422	0.393	0.153	0.008	1.285	33.54	2.987	0.330

表 7-3 Box-Cox 转换后的样本数据

序号	1	2	3	4	5	6	7	8	9	10
1	1.295	-0.377	1.898	-1.457	0.021	-1.561	3.832	0.935	-0.940	0.67
2	-0.64	-1.050	-0.215	-0.597	0.655	-0.813	1.931	-2.282	1.329	0.64
3	0.281	1.535	0.832	0.399	0.477	-0.442	-3.209	-2.415	1.747	-2.31
4	0.354	0.265	0.781	-0.309	-1.682	0.895	-0.367	-0.803	-1.404	0.75
5	1.269	-2.680	1.346	1.335	1.545	1.238	-0.863	-0.527	0.806	1.26
序号	11	12	13	14	15	16	17	18	19	20
1	-4.38	2.868	1.308	2.575	1.685	1.305	1.757	-0.098	0.161	2.072
2	-0.25	-2.323	0.826	1.050	-0.878	-0.368	-1.952	0.159	-3.653	-0.770
3	-0.32	-0.501	3.355	0.456	0.564	-1.316	0.846	3.096	-1.552	-4.288
4	1.725	0.276	-1.954	-2.274	-0.003	-1.288	1.972	-0.876	-1.413	1.877
5	3.973	-2.247	1.230	-0.935	-1.879	0.008	1.285	33.54	1.094	-1.107

通过对新样本数据的检验可以看出 P 值大于 0.05，所以定义为正态分布，进而可以对这些数据进行 SPC 技术计算，经过计算，$C_{pk}=0.15$，根据工业生产对过程能力指数 C_p 的要求见表 7-4，可以看出此过程严重不符合过程能力要求。

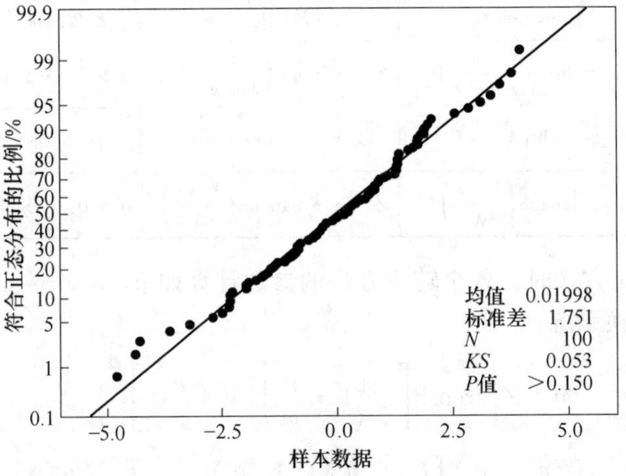

图 7-2 Box-Cox 变换后的数据正态性检验的结果图

表 7-4 过程能力的判定标准

C_p	>1.67	1.33~1.67	1.00~1.33	0.67~1.00	<0.67
评价	过剩	充足	正常	不足	严重不足

7.2.2 基于 Johnson 转换模型的过程能力分析

Johnson 在转换中构建变量 X 的三大偏态分布经过运用转换技术，能够容易地将有偏度分布转换为标准的正态分布模型[81]。其中 Johnson 的转换式为：

$$Z = \gamma + \eta\tau(X;\ \varepsilon,\ \lambda) \tag{7-20}$$

在式（7-20）中，$\eta > 0$，$\lambda > 0$，$-\infty < \gamma < +\infty$，$-\infty < \varepsilon < +\infty$，通过估计法可以得到 η、λ、γ 和 ε 的值。要想确定这四个参数，首先对 X 变量所属的分布族进行确定，在 Johnson 转换中，有三大转换类型分别是 S_L、S_U、S_B，以样本值不同为依据，选择合适的分布族进行 Johnson 转换。

若样本 X 是非正态分布变量，给定合适的 Z 值，则令：$q_1 = \phi(-3Z)$，$q_2 = \phi(-Z)$，$q_3 = \phi(Z)$，$q_4 = \phi(3Z)$。X 分布的第 q_i 个分位数用 x_i 表示，其中 $i = 1,\ 2,\ 3,\ 4$，则将分位数比率定义为 QR：

$$QR = \frac{(x_4 - x_3)(x_2 - x_1)}{(x_3 - x_2)^2} \tag{7-21}$$

根据比值，可以选择转换的形式，计算四个未知参数。出现 $QR<1$ 时，则选择 S_B；当 $QR=1$ 时，则选择 S_L；当 $QR>1$ 时，选择 S_U。选择哪种转换形式，由 Z 值决定。表 7-5 是三种转换类型中参数约束和变量参数的取值范围。

表 7-5 Johnson 分布系统

Johnson 系统	Johnson 曲线	转换形式	参数约束	X 约束
S_B	$k_1 = \ln\left(\dfrac{X-\varepsilon}{\lambda+\varepsilon-X}\right)$	$Z = \gamma + \eta\ln\left(\dfrac{X-\varepsilon}{\lambda+\varepsilon-X}\right)$	$\eta > 0,\ \lambda > 0$	$\varepsilon < X < \varepsilon + \lambda$
S_L	$k_2 = \ln(X-\varepsilon)$	$Z = \gamma + \eta\ln(X-\varepsilon)$	$\eta > 0$	$X > \varepsilon$
S_U	$k_3 = \operatorname{arsinh}\left(\dfrac{X-\varepsilon}{\lambda}\right)$	$Z = \gamma + \eta\operatorname{arsinh}\left(\dfrac{X-\varepsilon}{\lambda}\right)$	$\eta > 0,\ \lambda > 0$	$X \in R$

当明确转化方式时，各个转换方法的参数计算如下。

（1）S_B转换系统：

$$\eta = Z\left\{\operatorname{arcosh}\left[\frac{1}{2}\left(1+\frac{p}{m}\right)\left(1+\frac{p}{n}\right)\right]^{\frac{1}{2}}\right\}^{-1} \tag{7-22}$$

$$\gamma = \eta\operatorname{arsinh}\left\{\left(\frac{p}{n}-\frac{p}{m}\right)\left[\left(1+\frac{p}{m}\right)\left(1+\frac{p}{n}\right)-4\right]^{\frac{1}{2}}\left[2\left(\frac{p^2}{nm}-1\right)\right]^{-1}\right\} \tag{7-23}$$

$$\lambda = p\left\{\left[\left(1+\frac{p}{n}\right)\left(1+\frac{p}{m}\right)-2\right]^2-4\right\}^{\frac{1}{2}}\left(\frac{p^2}{mn}-1\right)^{-1} \tag{7-24}$$

$$\varepsilon = \frac{X_z+X_{-z}}{2}-\frac{\lambda}{2}+p\left(\frac{n}{p}-\frac{m}{p}\right)\left[2\left(\frac{p^2}{mn}-2\right)\right]^{-1} \tag{7-25}$$

（2）S_U转换系统：

$$\eta = 2Z\left[\operatorname{arcosh}\left(\frac{1}{2}\right)\left(\frac{p}{m}+\frac{p}{n}\right)\right]^{-1} \tag{7-26}$$

$$\gamma = \eta\operatorname{arsinh}\left\{\left(\frac{n}{p}-\frac{m}{p}\right)\left[2\left(\frac{nm}{p^2}-1\right)\right]^{\frac{1}{2}}\right\}^{-1} \tag{7-27}$$

$$\lambda = 2p\left(\frac{mn}{p}-1\right)^{\frac{1}{2}}\left[\left(\frac{m}{p}+\frac{n}{p}-2\right)\left(\frac{m}{p}+\frac{n}{p}+2\right)\right]^{\frac{1}{2}} \tag{7-28}$$

$$\varepsilon = \frac{X_z+X_{-z}}{2}-\frac{\lambda}{2}+p\left(\frac{n}{p}-\frac{m}{p}\right)\left[2\left(\frac{p^2}{mn}-2\right)\right]^{-1} \tag{7-29}$$

（3）S_U转换系统：

$$\eta = \frac{2Z}{\ln(m/p)} \tag{7-30}$$

$$\gamma = \eta\ln\left[\frac{m/p-1}{p(m/p)^{1/2}}\right] \tag{7-31}$$

$$\varepsilon = \frac{X_z+X_{-z}}{2}-\frac{p}{2}\left(\frac{m/p+1}{m/p-1}\right) \tag{7-32}$$

当确定曲线的位置参数值和标尺参数值时，能够得到正态分布概率为 0.99865、0.00135，以及 P 值为 0.5 所对应的百分位数。从中就可以快速求出过程能力指数。

以下是利用 Johnson 法对非正态分布下的过程能力进行计算的具体步骤：

(1) 运用质量管理工具——控制图对采集的原始数据进行稳定性测试，验证过程是否处于受控制状态。

(2) 运用正态性检验工具对原始数据进行检验，判定原始数据的正态性。若不是正态分布，则选取 Z 值，并计算出 QR 值，作为选择转换形式的依据。

(3) 运用常规计算过程能力的方法对转换后的正态数据进行计算。

(4) 运用质量管理的相关知识对过程能力的值进行分析。

根据上述的转换步骤，利用 Johnson 转换体系对表 7-2 进行转换，转换的数据见表 7-6。

表 7-6 Johnson 转换后的样本数据

序号	1	2	3	4	5	6	7	8	9	10
1	0.680	-0.271	1.026	-0.859	-0.047	-0.913	2.142	0.473	-0.582	0.325
2	-0.414	-0.641	-0.180	-0.393	0.313	-0.512	1.045	-1.271	0.699	0.306
3	0.100	0.817	0.414	0.167	0.211	-0.307	-1.662	-1.333	0.939	-1.288
4	0.141	0.091	0.385	-0.233	-0.976	0.450	-0.265	-0.507	-0.831	0.371
5	0.665	-1.451	0.709	0.702	0.823	0.647	-0.540	-0.354	0.399	0.664
序号	11	12	13	14	15	16	17	18	19	20
1	-1.994	1.586	0.687	1.416	0.904	0.686	0.945	-0.115	0.032	1.126
2	-0.197	-1.291	0.411	0.539	-0.548	-0.266	-1.112	0.031	-1.810	-0.489
3	-0.237	-0.340	1.867	0.200	0.261	-0.784	0.422	1.717	-0.909	-1.974
4	0.927	0.097	-1.113	-1.268	-0.061	-0.769	1.069	-0.547	-0.836	1.014
5	2.223	-1.255	0.642	-0.579	-1.076	-2.062	0.083	1.958	0.564	-0.673

要对样本转换后的新数据进行正态性的检验，其检验检验结果如图 7-3 所示。

通过转换可以看出 P 值大于 0.05，所以是正态分布，进而可以对这些数据进行 SPC 技术计算，经过计算，$C_{pk}=0.15$，根据过程能力表 7-4 可知，严重不符合过程能力要求。

7.2.3 基于 C_S 转换模型的过程能力分析

C_S 方法是 Wright 把偏度的修正值引入 PCIs 的计算中，从而提出 C_s 作为非正态数据的 PCIs[82]。其计算式为：

$$C_S = \frac{\min(USL - \mu,\ \mu - LSL)}{3\sqrt{\sigma^2 + (\mu - T)^2 + |\mu_3/\sigma|}} \tag{7-33}$$

式中，μ_3 为样本数据的第三四分位数；T 为过程的目标值。

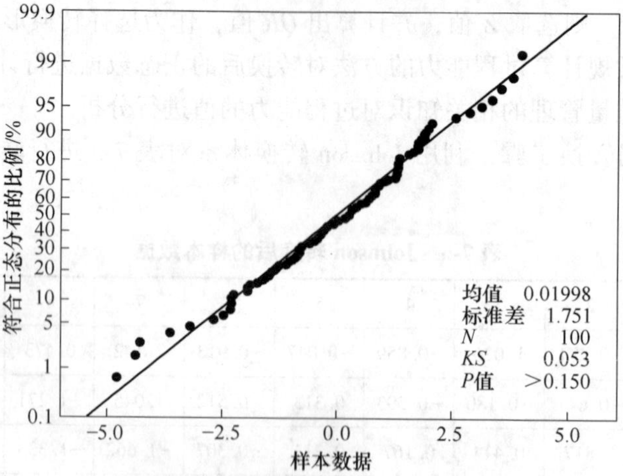

图 7-3 Johnson 转换后的数据正态性检验结果图

7.3 基于蒙特卡洛模拟下的过程能力分析比较

计算非正态分布下的过程能力分为很多种方法，但是具体使用哪一种比较计算方法效果最好，至今没有下定论的。

7.3.1 蒙特卡洛模拟

从国内外的发表文献来看，把计算非正态分布下数据的过程能力的方法归纳为很多种，在实际的应用过程中并没有明确指出哪种方法更合适。蒙特卡洛模拟有以下优点：

（1）能够清楚地描述随机性质的事物特点以及它们的物理实验过程；

（2）受几何条件限制小；

（3）数据的收敛速度与其问题的维数并无关系；

（4）误差容易确定；

（5）设定的程序框架简单明确，易于实现。

下面就是运用蒙特卡洛模拟产生随机数据后计算过程能力，进而对计算结果进行比较，从中找出理想办法。选取非正态分布下的数据并对其进行过程能力计算，运用方法即 Box-Cox 转换法、Johnson 转换法、C_S 方法、Clements 方法以及 S_{pmk} 法等五种常见的方法。

7.3.2 确定模拟的分布

本书选用 Weibull 分布下和 Log-normal 分布下分别产生的模拟数据，这两个分布是由两个参数控制，并且分布参数可以表示该分布的均值、方差、峰度以及偏度，还有一个特点就是这两个分布能够很好地捕捉尾部效应。

Weibull 分布下的概率密度函数为：

$$f(x;\ \lambda,\ k)=\begin{cases}\dfrac{k}{\lambda}\left(\dfrac{x}{k}\right)^{k-1}\mathrm{e}^{-(x/k)^{k}} & x\geqslant 0\\ 0 & x<0\end{cases} \tag{7-34}$$

Weibull 分布下的累积分布函数为：

$$F(x;\ \lambda,\ k)=1-\mathrm{e}^{-(x/k)^{k}} \tag{7-35}$$

式（7-34）和式（7-35）中，λ 为尺寸参数；k 为形状参数。

Log-normal 分布下的概率密度函数为：

$$f(x;\ \mu,\ \sigma)=\frac{1}{x\sigma\sqrt{2\pi}}\mathrm{e}^{-\frac{(\ln x-\mu)^2}{2\sigma^2}}\quad (x>0) \tag{7-36}$$

Log-normal 分布下的累积分布函数为：

$$F(x;\ \mu,\ \sigma)=\frac{1}{2}\mathrm{erfc}\left(-\frac{\ln x-\mu}{\sigma\sqrt{2}}\right)=\Phi\left(\frac{\ln x-\mu}{\sigma}\right) \tag{7-37}$$

式（7-36）和式（7-37）中，μ 为尺寸参数；σ^2 为形状参数，$\mathrm{erfc}(x)$ 为高斯误差函数，可以表示为：

$$\mathrm{erfc}(x)=\begin{cases}\dfrac{2}{\sqrt{\pi}}\displaystyle\int_{x}^{0}\mathrm{e}^{-t^2}\mathrm{d}t & x<0\\ \dfrac{2}{\sqrt{\pi}}\displaystyle\int_{0}^{x}\mathrm{e}^{-t^2}\mathrm{d}t & x\geqslant 0\end{cases} \tag{7-38}$$

Weibull 分布下和 Log-normal 分布下数据的均值、方差以及偏度与对应参数见表 7-7。

表 7-7 Weibull 分布和 Log-normal 分布的参数关系

分布	均值	方差	偏 度	峰 度
Weibull 分布	$\lambda\Gamma(1+\frac{1}{k})$	$\lambda^2\Gamma(1+\frac{2}{k})-u^2$	$\dfrac{\Gamma(1+\frac{3}{k})-3\mu\sigma^2-\mu^3}{\sigma^3}$	$\dfrac{\lambda^4\Gamma(1+\frac{4}{k})-4\gamma\mu\sigma^3-6\mu^2\sigma^2-\mu^4}{\sigma^4}-3$
Log-normal 分布	$\mathrm{e}^{\mu+\sigma^2/2}$	$(\mathrm{e}^{\sigma^2}-1)\mathrm{e}^{2\mu+\sigma^2}$	$(\mathrm{e}^{\sigma^2}+2)\sqrt{\mathrm{e}^{\sigma^2}-1}$	$\mathrm{e}^{4\sigma^2}+2\mathrm{e}^{3\sigma^2}+3\mathrm{e}^{2\sigma^2}-6$

Weibull 分布下和 Log-normal 分布下的参数以及其相对应偏度和峰度的关系见表 7-8。

表 7-8 Weibull 分布和 Log-normal 分布的参数关系

Weibull 分布				Log-normal 分布			
λ	k	偏度	峰度	μ	σ^2	偏度	峰度
1.0	1.0	2.0	9.0	0.0	0.3	1.9814	10.7057
1.0	2.0	0.6311	3.2451	0.0	0.5	2.9388	21.5073

Weibull 分布和 Log-normal 分布在不同参数下的分布，如图 7-4 和图 7-5 所示。

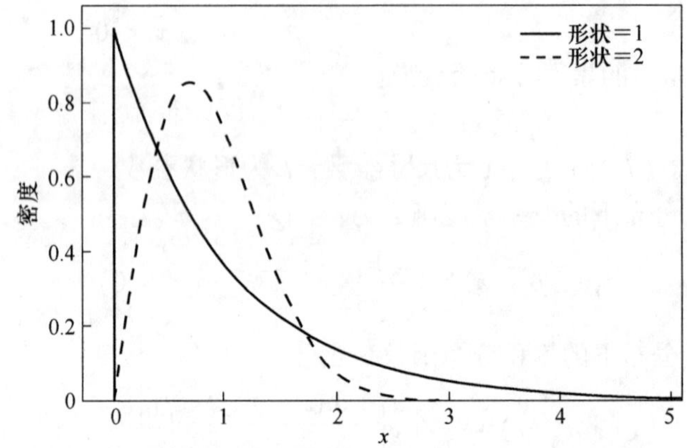

图 7-4 不同参数下的 Weibull 分布图（Weibull，尺度=1）

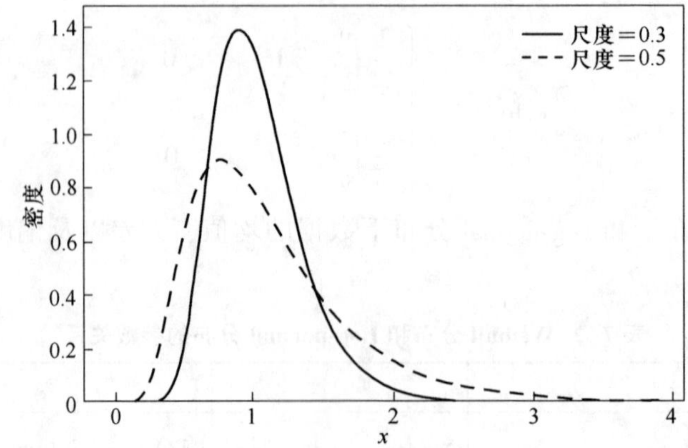

图 7-5 不同参数下的 Log-normal 分布图（Log-normal，位置=0）

7.3.3 蒙特卡洛模拟运行

本节采用的模拟是单侧 C_{pu}，令 C_{pu} 为 1，1.5，1.667。首先计算不同分布下的 USL 值，其计算式为：

$$C_{pu} = \frac{\phi^{-1}\left[\int^{USL} f(x)\,\mathrm{d}x\right]}{3} = \frac{\phi^{-1}[\psi(USL)]}{3} \tag{7-39}$$

式中，$\psi(x)$ 为累积分布的函数；$f(x)$ 为概率的密度的函数。

经过计算，Weibull 分布和 Log-normal 分布在不同参数下的 C_{pu}对应 USL 值见表 7-9。

表 7-9 不同参数下 C_{pu}对应的 USL 值

C_{pu}	Weibull（1，1）	Weibull（1，2）	Log-normal（0，0.3）	Log-normal（0，0.5）
1.000	6.6077	2.5705	5.175	8.3421
1.500	12.5915	3.5485	11.7606	21.0947
1.667	15.0635	3.8812	15.4021	34.13317

通过模拟，在参数不同时，每种分布要产生 50 组对应的模拟数据，并且每组数据的样本容量达到 100 个。根据每组的分布和其参数计算出 USL。通过对模拟数据的计算，每种参数分布下能够得出 50 个 C_{pu} 值，计算 C_{pu} 的平均值。通过模拟得到的计算结果见表 7-10～表 7-13。

表 7-10 Weibull 分布（$\lambda=1$，$k=1$）模拟得到的结果（平均 C_{pu}/方差）

C_{pu}	1.000	1.500	1.677
USL	6.6077	12.5915	15.0635
Box-Cox	1.7423/0.2082	3.1468/0.661	3.4724/1.021
Johnson	1.1621/0.0692	1.5734/0.923	1.9273/1.378
Clements	1.3962/0.1393	2.6972/0.563	3.3621/0.864
C_S	1.1473/0.0248	2.2957/0.1131	3.0413/0.1662
S_{pmk}	1.05693/0.00018	1.4853/0.00036	1.6977/0.00037

表 7-11 Weibull 分布（$\lambda=1$，$k=2$）模拟得到的结果（平均 C_{pu}/方差）

C_{pu}	1.000	1.500	1.677
USL	2.5705	3.5485	3.8812
Box-Cox	0.4293/0.0163	1.0903/0.0352	1.2399/0.0465
Johnson	1.0873/0.0931	1.5462/0.2003	1.7043/0.2089
Clements	1.3219/0.0422	2.003/0.0876	2.2413/0.1286
C_S	0.6801/0.0183	1.1221/0.0441	1.1649/0.0476
S_{pmk}	1.0541/0.000032	1.4117/0.000046	1.6941/0.00041

表 7-12 Log-normol 分布（$\mu=0$，$\sigma^2=0.3$）模拟得到的结果（平均 C_{pu}/方差）

C_{pu}	1.000	1.500	1.677
USL	5.175	11.7606	15.4021
Box-Cox	1.7483/0.493	3.4321/4.593	4.692/7.892
Johnson	1.436/2.477	2.5632/12.385	3.2631/21.572
Clements	3.7861/0.762	10.3107/5.174	13.4451/9.035
C_S	1.2273/0.1746	3.1779/1.203	4.7723/21.993
S_{pmk}	1.013/0.00212	1.4531/0.00293	1.6941/0.00006

表 7-13 Log-normol 分布（$\mu=0$，$\sigma^2=0.5$）模拟得到的结果（平均 C_{pu}/方差）

C_{pu}	1.000	1.500	1.677
USL	8.3421	24.0947	34.1317
Box-Cox	1.3924/0.2017	2.4113/1.057	2.6732/1.501
Johnson	1.0421/0.3725	1.5232/0.966	1.6744/1.610
Clements	3.1303/0.845	10.3082/7.454	14.6476/15.244
C_S	2.5589/0.1319	5.5623/1.308	8.0311/2.930
S_{pmk}	1.0357/0.00183	1.560/0.00335	1.6474/0.00356

表 7-10~表 7-13 中的计算数据分别是对应分布下模拟得到的均值 C_{pu} 以及方差。表 7-10 的数据来源是通过模拟 Weibull 分布在 $\lambda=1$，$k=1$ 两参数下得到的设定 $C_{pu}=1$，Jonhson 转换中对应的表格数据 $C_{pu}=1.1621$。这是表示 $C_{pu}=1$，在 Jonhson 转换中的到 $C_{pu}=1.1692$，计算结果的方差是 0.0692。

7.4 基于箱线图过程能力结果分析

7.4.1 箱线图基本理论

箱线图在质量管理中是一个重要图形工具，其特点是能够直观看出数据各自的分散情况，简单明确。箱线图的基本结构如图 7-6 所示。

箱线图主要是由箱体的上须线和箱体的下须线组成，在图 7-6 中，统计数据中的第一四分位数用 Q_1 表示；统计数据的第三四分位数用来 Q_3 表示；箱体的长度 IQR，即 $IQR=Q_3-Q_1$；箱体的下限为 $Q_1-1.5IQR$；箱体的上限为 $Q_3+1.5IQR$；当出现数值点超出箱体上限或者箱体下限被称为异常值。通过观察可以看出，箱体在一定意义上，能够简单表明所统计数据的对称和分散情况。

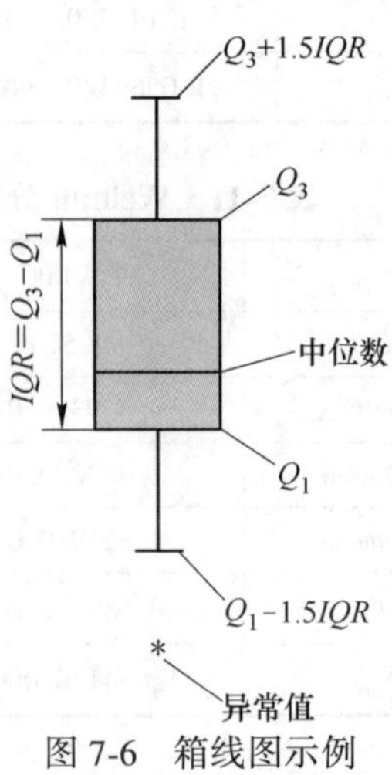

图 7-6 箱线图示例

7.4.2 箱线图结果分析比较

在蒙特卡洛的模拟法下，5 种计算非正态下的过程能力方法均可以得到模拟结果，下面给出 $C_{pu}=1.5$ 的情况下进行箱线图的比较结果。图 7-7～图 7-10 所示是根据模拟结果做出的箱线图。

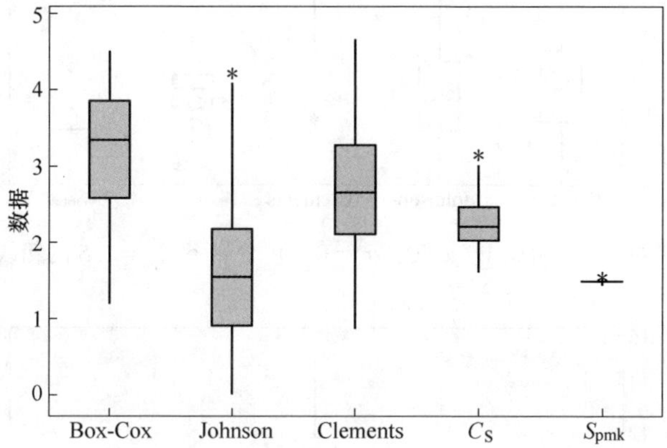

图 7-7 Weibull（$\lambda=1$，$k=1$）分布下 $C_{pu}=1.5$ 的箱线图

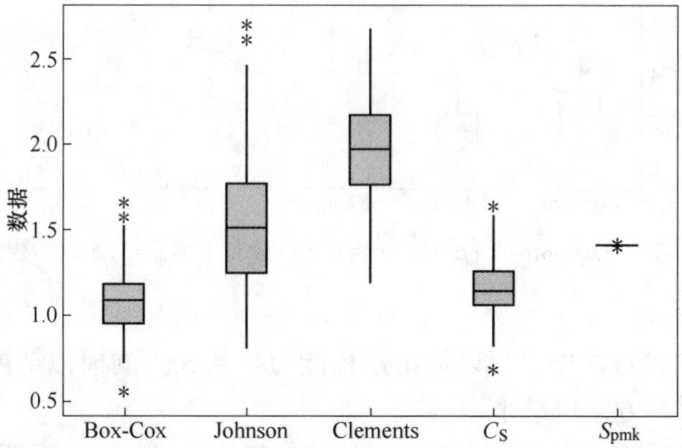

图 7-8 Weibull（$\lambda=1$，$k=2$）分布下 $C_{pu}=1.5$ 的箱线图

通过观察箱线图可知：

（1）由图 7-7 和图 7-8 的纵坐标与图 7-9 和图 7-10 的纵坐标对比可以看出，数据在 Weibull 分布下模拟结果比 Log-normal 分布下模拟结果更加理想化、精准化；

（2）两种转换法的比较结果表明，Johnson 转换法好于 Box-Cox 转换法，最终模拟结果值与实际设定的 C_{pu} 值更为接近；

（3）在三种非转换的方法中，从纵坐标的值可以看出 S_{pmk} 计算结果明显好

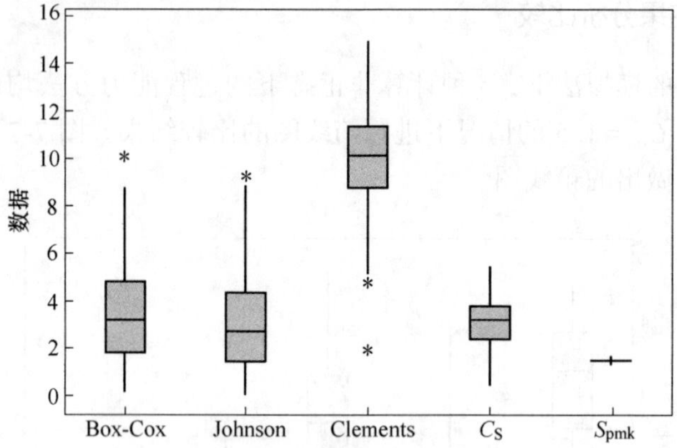

图 7-9 Log-normol（$\mu=0$，$\sigma^2=0.3$）分布下 $C_{pu}=1.5$ 的箱线图

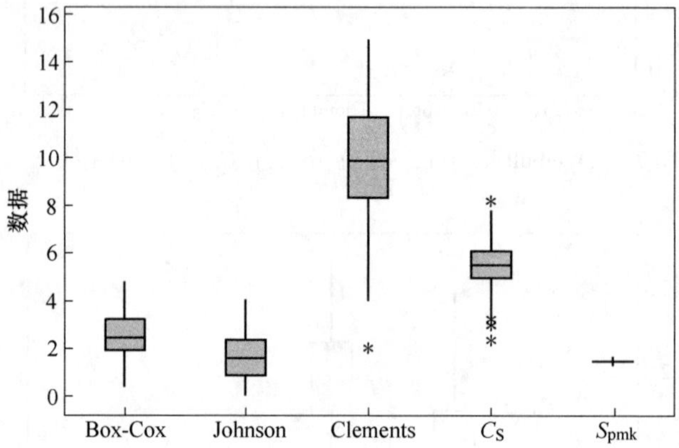

图 7-10 Log-normol（$\mu=0$，$\sigma^2=0.5$）分布下 $C_{pu}=1.5$ 的箱线图

于其他非转换法；

（4）在这 5 种方法中，可以得出过程能力指数 S_{pmk} 的模拟结果与设定的 C_{pu} 值最接近，同时其方差也最小。

但是在实际计算过程中，使用 S_{pmk} 计算过程能力指数时，需要大量的计算工作，数据选用时需明确是否采用概率密度函数或累积分布函数。在实际计算过程中无法达到 S_{pmk} 的应用条件，称为 S_{pmk} 方法的限制因素。在 C_S 方法中，虽然结果并不优于 S_{pmk}，但是在计算过程中，对数据的累积密度函数没有要求，只对分位数要求，方便计算。

8　基于库奇尼检验理论与变点模型的非参数统计质量控制图应用

8.1　基于库奇尼检验与变点模型的非参数统计质量控制图的构建

8.1.1　两种假设的定义

假设X_1，…，X_m是来自于整体 1 的随机样本，且样本容量为n，其服从连续型累积概率分布$F_1(x)$。假设Y_1，…，Y_m是来自与整体 2 的随机样本，且样本容量为m，其服从连续型累积概率分布$F_2(x)$。

对这两个随机样本的零假设定义如下：

$$H_0:\ F_1(x) = F_2(x) \tag{8-1}$$

这时，可认为X、Y均来自容量为$N(m+n)$，且服从分布$F(x)$的随机样本，定义变量如下：

$$Z = (Z_1,\ Z_2,\ \cdots,\ Z_n) \tag{8-2}$$

其中，$Z_i = \begin{cases} 1, & \text{如果总体样本由小到大排序后，第 } i \text{ 位的变量来自样本 } X \\ 0, & \text{如果总体样本由小到大排序后，第 } i \text{ 位的变量来自样本 } Y \end{cases}$

对这两个随机样本的备择假设定义如下：

$$H_1:\ F_2(x) = F_1\left(\frac{x-\mu}{\sigma}\right) \tag{8-3}$$

式中，$\mu \neq 0$或$\sigma \neq 1$，且$\mu \in (-\infty,\ +\infty)$，$\sigma \in (0,\ +\infty)$，$\mu$和$\sigma$分别代表两个概率分布之间均值和标准差所产生的变化。

8.1.2　库奇尼检验法

库奇尼检验法是一种非参数独立两样本检验法，可同时检验均值与方差差异。1968 年，由意大利的库奇尼提出，下面是具体的分析过程。

分别定义样本X在总体中的秩平方和WS、反秩平方和MS为：

$$WS = \sum_{i=1}^{N} i^2 Z_i \tag{8-4}$$

$$MS = \sum_{i=1}^{N} (N+1-i)^2 Z_i \tag{8-5}$$

以零假设为前提，可分别计算出秩平方和 *WS*、反秩平方和 *MS* 的期望与方差：

$$\mathrm{E}(MS)=\mathrm{E}(WS)=\frac{m(N+1)(2N+1)}{6} \tag{8-6}$$

$$\mathrm{Var}(MS)=\mathrm{Var}(WS)=\frac{mn(N+1)(2N+1)(8N+11)}{180} \tag{8-7}$$

标准化 *MS* 与 *WS*，可得：

$$U=\frac{WS-\mathrm{E}(WS)}{\sqrt{\mathrm{Var}(WS)}}=\frac{\sum_{i=1}^{N} i^2 Z_i-\frac{m(N+1)(2N+1)}{6}}{\sqrt{\frac{mn(N+1)(2N+1)(8N+11)}{180}}} \tag{8-8}$$

$$V=\frac{MS-\mathrm{E}(MS)}{\sqrt{\mathrm{Var}(MS)}}=\frac{\sum_{i=1}^{N}(N+1-i)^2 Z_i-\frac{m(N+1)(2N+1)}{6}}{\sqrt{\frac{mn(N+1)(2N+1)(8N+11)}{180}}} \tag{8-9}$$

式中，*U* 为标准化后的 *WS*，*V* 为标准化后的 *MS*。根据式（8-6）与式（8-7）可得到 E(*WS*) 与 Var(*WS*) 都为常数，因此得出：

$$\mathrm{E}(U)=\mathrm{E}\left(\frac{WS-\mathrm{E}(WS)}{\sqrt{\mathrm{Var}(WS)}}\right)=\frac{\mathrm{E}(WS)-\mathrm{E}(WS)}{\sqrt{\mathrm{Var}(WS)}}=0 \tag{8-10}$$

且

$$\mathrm{Var}(U)=\mathrm{Var}\left(\frac{WS-\mathrm{E}(WS)}{\sqrt{\mathrm{Var}(WS)}}\right)=\frac{\mathrm{Var}(WS)-0}{\mathrm{Var}(WS)}=1 \tag{8-11}$$

同理得到：

$$\mathrm{E}(V)=0,\ \mathrm{Var}(V)=1 \tag{8-12}$$

U 与 *V* 的相关系数 ρ_{UV} 为：

$$\begin{aligned}\rho_{UV}&=\mathrm{Corr}(U,\ V)=\frac{\mathrm{cov}(U,\ V)}{\sqrt{\mathrm{Var}(U)}\ \sqrt{\mathrm{Var}(V)}}\\&=\mathrm{cov}(U,\ V)\\&=E\{[U-\mathrm{E}(U)][V-\mathrm{E}(V)]\}\\&=\mathrm{E}(UV)\end{aligned} \tag{8-13}$$

根据式（8-8）、式（8-9），上式中的 *UV* 为：

$$UV=\frac{\sum_{i=1}^{N} i^2 Z_i-\mathrm{E}(WS)}{\sqrt{\mathrm{Var}(WS)}}\times\frac{\sum_{i=1}^{N}(N+1-i)^2 Z_i-\mathrm{E}(MS)}{\sqrt{\mathrm{Var}(MS)}} \tag{8-14}$$

求解式（8-14），可得到两数值的相关系数 ρ_{UV} 为：

$$\rho_{UV}=\mathrm{E}(UV)=\frac{2(N^2-4)}{(2N+1)(8N+11)}-1 \tag{8-15}$$

通过结合统计量 U、V 及相关系数 ρ_{UV}，库奇尼提出了著名的库奇尼非参数独立两样本的检验统计量 C：

$$C=\frac{U^2+V^2-2\rho_{UV}UV}{2(1-\rho_{UV}{}^2)} \tag{8-16}$$

其中，当假设 $N\to\infty$ 时，$\rho_{UV}\to\rho_0$，可得出：

$$\lim_{N\to\infty}\rho_{UV}=\lim_{N\to\infty}\frac{2(N^2-4)}{(2N+1)(8N+11)}-1=-\frac{7}{8}=\rho_0 \tag{8-17}$$

由中心极限定理可得出，若 $n_1\to\infty$ 且 $n_2\to\infty$，则：

$$P(U\leqslant u)\to\Phi(u),\ P(V\leqslant v)\to\Phi(v) \tag{8-18}$$

式中，Φ 为标准的参数分布函数。

同理，分别求出二维随机变量（U，V）的概率密度函数、概率函数，可近似认为：

$$f(u,v)=\frac{1}{2\pi\sqrt{1-\rho_0^2}}\exp\left[-\frac{u^2+v^2-2\rho_0uv}{2(1-\rho_0^2)}\right] \tag{8-19}$$

$$P(U\leqslant u,\ V\leqslant v)\to\int_{-\infty}^{v}\int_{-\infty}^{u}\frac{1}{2\pi\sqrt{1-\rho_0^2}}\exp\left[-\frac{q^2+r^2-2\rho_0qr}{2(1-\rho_0^2)}\right]\mathrm{d}q\mathrm{d}r \tag{8-20}$$

当接受零假设时，变量（U，V）逐渐趋于（0，0），为使第一种错误的犯错概率小于 α，即 $P(U\leqslant u,\ V\leqslant v)\geqslant 1-\alpha$，必须满足 $c=\dfrac{u^2+v^2-2\rho_0uv}{2(1-\rho_0^2)}<-\ln\alpha$，也就是点（$u$，$v$）一定落在图8-1所示的椭圆中，其椭圆表达式为：

$$u^2+v^2-2\rho_0uv=-2(1-\rho_0^2)\ln\alpha \tag{8-21}$$

当 $m\geqslant 6$ 且 $n\geqslant 6$ 时，$P(U\leqslant u,\ V\leqslant v)$ 可近似用正态分布函数计算。

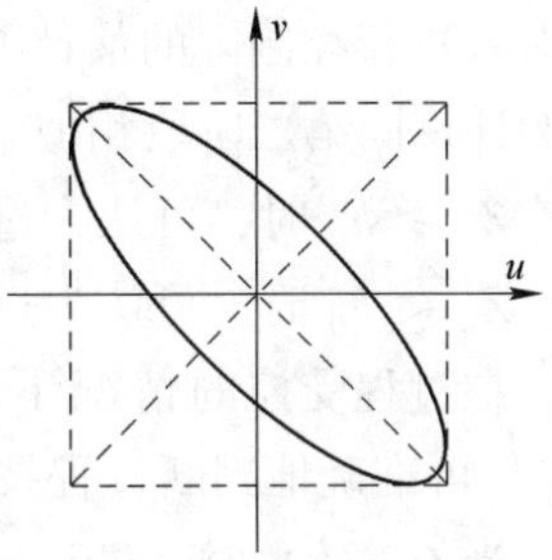

图8-1 点（u，v）所在椭圆区域

Marrozi 比较分析了库奇尼检验法和几种 Lepage 型检验以及基于优度拟合比率的检验，在不同样本量以及不同分布情况下，各种检验方法各有优劣，但是总体来说，库奇尼检验法更加简便有效。鉴于此，本文将采用库奇尼统计量构造质量控制图。

8.2 设计基于库奇尼检验与变点模型的SPC图

对已经采集到的 n 个生产过程样本 X_1，…，X_n，作出下面的假设：

$$H_0: X_1, \cdots, X_n \sim F_0$$
$$H_1: X_1, \cdots, X_\tau \sim F_0 \quad X_\tau, \cdots, X_n \sim F_1 \tag{8-22}$$

式中，τ 是未知的，即样本中的变点。零假设 H_0 代表所有的样本数据均来自于相同分布，也表示过程正常。备择假设 H_1 代表所有的样本数据并非来自相同分布。在接受显著性水平 α（零假设）后，为检验上面叙述的假设，通过与变点模型结合，本书定义 SPC 图的统计量 Z_n 为：

$$Z_n = C_{\max, n} = \max_{1<k<n} C_{k, n} \tag{8-23}$$

式中，检验统计量 $C_{k, n}$ 代表样本 $X_1, \cdots, X_{k-1}$ 与样本 $X_k, \cdots, X_n$ 的库奇尼的检验统计量。

当设计 SPC 图时，把 Z_n 作为统计量，通过由显著水平 α 计算出的控制限来检测生产过程异常的出现情况：当 Z_n 超出由 α 确定的控制限，则接受备择假设，也就是证明所有的样本数据并非来自相同分布，即样本中有变点。否则，接受零假设，也就是证明所有的样本数据均来自相同分布，即样本中无变点。基于库奇尼检验与变点模型的 SPC 图的构建被划分为两个阶段，内容如下。

（1）第一阶段：分析阶段。第一阶段，在采集到一定数量的监测数据后，设该处数据数量为 m，数据汇集的样本为 $X_1, \cdots, X_m$，由式（8-23）计算统计量 Z_m，样本的大小、允许第一种错误犯错的概率 α 为已知，可利用蒙特卡洛模拟对其进行控制限的估计。本书拟用 h_0 代表第一阶段 SPC 图的控制限，控制限 h_0 的计算同第二阶段相似。判别情形具体如下：

$Z_n \geqslant h_0$ 时，可认为过程失控，有变点存在；

$Z_n < h_0$ 时，可认为过程受控。

在过程受控的情况下，还要计算过程能力指数 C_{pk}。通过过程能力指数 C_{pk}，可准确地判断过程技术状态稳定与否：

当 C_{pk} 较大时，过程技术状态是稳定的，可以进入第二阶段；

当 C_{pk} 较小时，证明过程技术状态是非稳定的。此时必须采用措施对相关参数进行调整。当过程统计状态受控，且在过程技术状态稳定的前提下，方可进入第二阶段。

（2）第二阶段：控制阶段。进行第二阶段后，样本量便不固定，它会随着检测行进而连续的积累。实际生产进程中，对线上产品进行实时检测、收集数据时，SPC 图的执行步骤如图 8-2 所示。

本阶段是进行稳态控制。每个新样本数据被收集后都被直接放入总样本，利用补足后的样本计算统计量：这一阶段行进到 t 时刻，便收集 t 个样本，对于此时的非参数统计质量控制（NCCSPC）图，本书定义统计量为 Z_t，计算方法与式（8-23）相同。由于是非参数 SPC 图，所以不能像休哈特图那样直接使用 $\pm 3\sigma$ 作

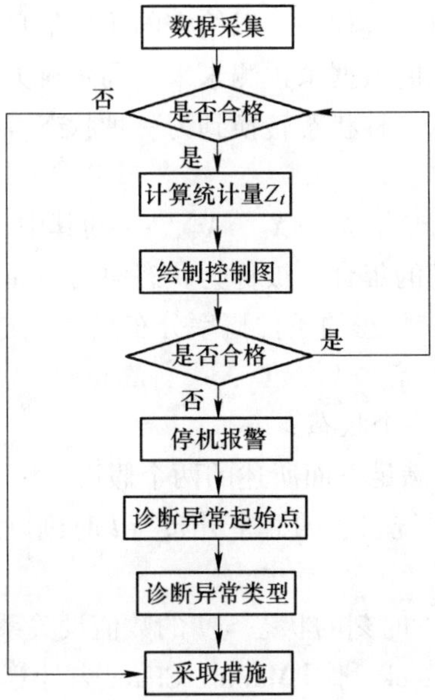

图 8-2 第二阶段控制图的实施步骤

为控制界限来判别过程处于的控制状态。

8.3 控制限的计算

由统计量 Z_t的定义可知，第二阶段的非参数统计质量控制图（NCCSPC）仅仅存在上控制限，因此，本书将控制图的第二阶段时刻 t 的控制限定义为 h_t。显著性水平 α 代表实际过程处于受控，而统计量越出控制限的概率 α，数学表达式为：

$$\begin{aligned} &P(Z_1 > h_1) = \alpha \\ &P(Z_2 > h_2 \mid Z_1 < h_1) = \alpha \\ &\vdots \\ &P(Z_t > h_t \mid Z_{t-1} < h_{t-1}, \cdots, Z_1 < h_1) = \alpha \end{aligned} \tag{8-24}$$

8.3.1 确定计算方法

本书主要介绍两种方法，适用于计算较为复杂的SPC 图控制限，一种是马尔科夫链法，另一种是蒙特卡洛模拟法。

8.3.1.1 马尔科夫链法

马尔科夫链（Markov Chain），又称为离散时间马尔科夫链（Discrete-Time

Markov Chain），是其过程中的一个特殊案例，是带有马尔科夫性质及离散时间情形的离散过程。马尔科夫过程为：以给定的历史信息为前提，仅利用当下的数据预测未来，并不用以往的数据来预测未来。马尔科夫链里面的每一步骤，系统通过既定的概率分布，从一种状态转换到另一种状态，或维持目前的状态，状态改变则被称为过渡。

Markov Chain 是随机变量 X_1，X_2，X_3，… 的其中一数列。这些变量的区域，也就是所有可能取得到值的集合，被称为状态空间，而 X_l 的取值表示在时间 l 的状态。若 X_{l+1} 相对于以前状态的条件概率分布只是 X_l 的一个函数，则

$$P(X_{l+1} = x \mid X_0, X_1, X_2, \cdots, X_l) = P(X_{l+1} = x \mid X_l) \tag{8-25}$$

式中，x 为过程之中的某一个状态。

Markov Chain 一定要满足下面所述的两个假设：

（1）在 $l+1$ 时刻，系统状态的概率分布与 l 时刻以前的状态没关系，而仅与 l 时刻的当前状态有关系；

（2）l 时刻转移到 $l+1$ 时刻的状态与 l 的数值没关系。

1972 年，Evans 和 Brook 利用 Markov Chain 去计算 SPC 图的受控平均链长。当采用 Markov Chain 计算 SPC 图的控制限时，首先由第一种错误犯错概率 α 来求得 ARL_0（平均受控链长）为 $1/\alpha$，继而根据 Markov Chain 求出 ARL_0 与控制限 h_t 之间的关系，最终确定出 h_t 的数值。

8.3.1.2 蒙特卡洛模拟法

蒙特卡洛模拟法（Monte Carlo Simulation Method）又称为随机模拟法。其本质是利用服从某种总体概率分布的随机数模拟现实中可能出现的一些随机现象。因为一次模拟试验只能描述所考察系统可能出现的一种情况。所以进行多次的模拟后，根据大数定理和中心极限定理可得出可靠的统计结论。

蒙特卡洛模拟法基本思路：产生不同变量的随机分布值，利用这些随机变量产生模拟的系统值，重复上述过程，得到的一系列系统值形成一个模拟系统损耗值的分布，可作为真实分布的近似。重复模拟的次数越多，其结果与实际情况越接近。

1995 年，Margavi 利用蒙特卡洛模拟法计算出 EWMA 控制图的控制限。具体过程如下：采集源自某一随机分布的一系列数据，仿真时序样本，由此得到统计量 Z_t。多次循环仿真上述进程，收集一系列 Z_t 值表现为某种形态的分布。当仿真频数足够大时，此分布便可近似地认为是 Z_t 所服从的隐藏分布，运用此分布便可估算控制图控制限，下面所述的为具体原理。

t 时刻，假定 $Z_t \sim F_z(x)$，分布 $F_z(x)$ 的概率密度函数 $f(z)$ 如图 8-3 所示。针对显著性水平 α，$F_z(x)$ 的上分位点 z_α 的坐落位置如图 8-3 所示，代表若样本

落入图示阴影区域，则其概率为 α，数学表达公式为：$P(Z_t > z_\alpha) = \alpha$。因此，如果假定控制图的第一种错误犯错概率是 α，可以将符合 $P(Z_t > z_\alpha) = \alpha$ 的 h_t 设置成控制限，即 Z_t 所服从的分布的 α 分位点。

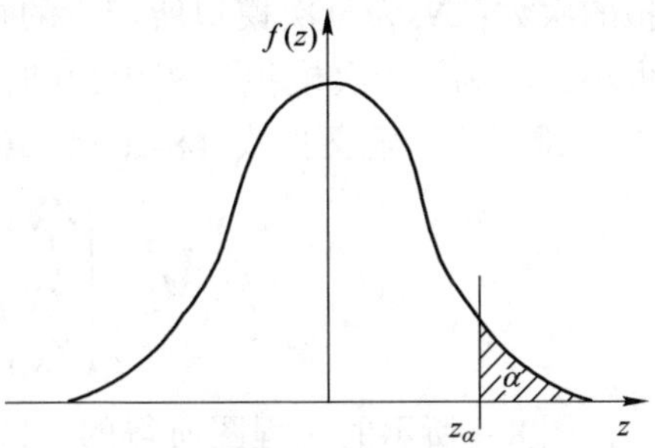

图 8-3 $F_z(x)$ 的概率密度函数与分位点示意

8.3.1.3 确定 NCCSPC 图统计量的计算方法

NCCSPC 图的统计量有如下特点：

（1）统计量总分布是未知的，不能得到 Z_t 处于各状态下的概率分布；

（2）因为每当计算 Z_t 时便用到了 $1 \sim t$ 时刻收集到的所有数值，所以时序统计量 Z_t 的自相关性是相当高的。

由此可知，NCCSPC 图的统计量是不符合 Markov Chain 法的假设条件的，因此无法选用 Markov Chain 链法进行求解。最后，本书选用的是蒙特卡洛模拟法来计算 NCCSPC 图的控制限。利用蒙特卡洛模拟估计计算时，需要特别强调，因为时序统计量 Z_t 的自相关性程度很高。所以，在计算时为保证在任意的时刻都可以符合条件概率 $P(Z_t > h_t | Z_{t-1} < h_{t-1}, \cdots, Z_1 < h_1) = \alpha$（$h_t$ 是一个非固定常量），完美的方法是通过计算一系列的 h_t，使得每个固定时刻 t 均有与其对应的 h_t 去判别 Z_t 是否符合条件概率。

8.3.2 控制限的估计流程

计算 NCCSPC 图控制限的目的是为了求得分布中 α 分位点的 h_t 值，h_t 是满足 $P(Z_t > h_t | Z_{t-1} < h_{t-1}, \cdots, Z_1 < h_1) = \alpha$ 的值，因此应先确定出符合 $Z_{t-1} < h_{t-1}, \cdots, Z_1 < h_1$ 的 Z_t 的概率分布，最后通过 Z_t 所服从的分布得到控制限。

可将 NCCSPC 图的控制限求解过程划分成三个部分：

（1）抽样。NCCSPC 图采用库奇尼检验统计量，而库奇尼检验是非参数的，从理论上来讲，对于服从任意分布的样本都具有同样的性质，所以本书选取从参数分布整体中抽取随机样本。

（2）构造统计量 Z_t 的概率模型。本书利用蒙特卡洛模拟法，通过数次的检验仿真过程，获取大量 Z_t 的值，继而得到 Z_t 的近似的概率分布。

（3）估计量的计算。可依据 Z_t 的近似分布得出 α 分位点，以此来作为 h_t 的估计值。

依据求解步骤，最终得到其控制限的蒙特卡洛模拟流程，具体步骤如图 8-4 所示。图中，i 为模拟的次数；j 为每次模拟时，从中随机抽样的时序；N_M 为总模拟的次数；N_S为每次模拟所产生的初始随机数的个数；N_T为每次模拟的样本量大小；Z_{ij}为第 i 次模拟进程中，j 时刻计算所求得的 NCCSPC 图统计量的值；$\boldsymbol{M}_z$为二维矩阵，定义见式（8-26）。矩阵中的统计量 Z_{ij}的定义同上述描述。

$$\boldsymbol{M}_z = \begin{pmatrix} Z_{N_S1} & \cdots & Z_{N_SN_M} \\ \cdots & \cdots & \cdots \\ Z_{N_T1} & \cdots & Z_{N_TN_M} \end{pmatrix} \tag{8-26}$$

由图 8-4 所示的流程图所得的二维矩阵 $\boldsymbol{M}_z$ 可求解出控制限，详细求解流程如图 8-5 所示。

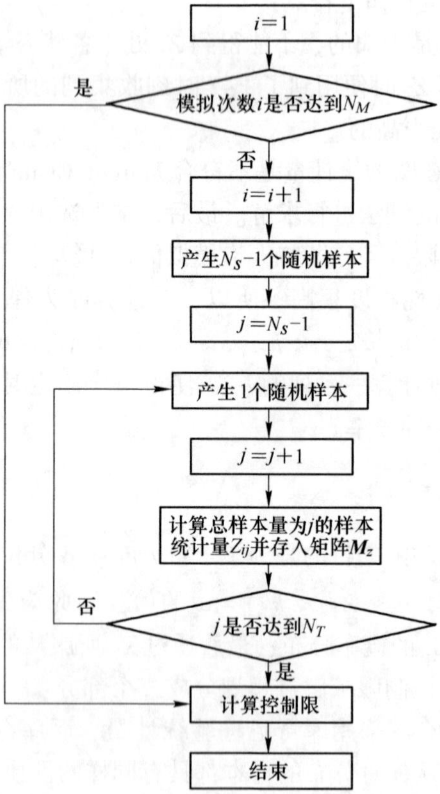

图 8-4　蒙特卡洛模拟法估计控制限流程图

在图 8-5 中，$\boldsymbol{h}$ 代表控制限向量，其表达式为：

$$\boldsymbol{h} = (h_{N_S},\ h_{N_{S+1}},\ \cdots,\ h_{N_T}) \tag{8-27}$$

式中，$h_t(t = N_S,\ N_{S+1},\ \cdots,\ N_T)$ 符合条件概率 $P(Z_t > h_t \mid Z_{t-1} < h_{t-1},\ \cdots,\ Z_{N_S} < h_{N_S}) = \alpha$。

本书利用常用的百分位数法对分位数进行近似估计。估计过程中，除掉矩阵

$\boldsymbol{M}_z$里第 t 行比分位数 Z_α 大的统计量所在的列，等同于除掉 t 时刻越过控制限的数值序列，使得计算 $t+1$ 时刻的控制限时，其余列向量代表符合先前条件 $Z_t<h_t$，…，$Z_{N_S}<h_{N_S}$。求得符合条件的 $t+1$ 时刻的一系列 Z_{t+1} 的值。把数据按从小到大的顺序排列，求解对应的累积百分位，与百分位 $1-\alpha$ 所对应的数值就能够作为 h_{t+1} 的估计值。

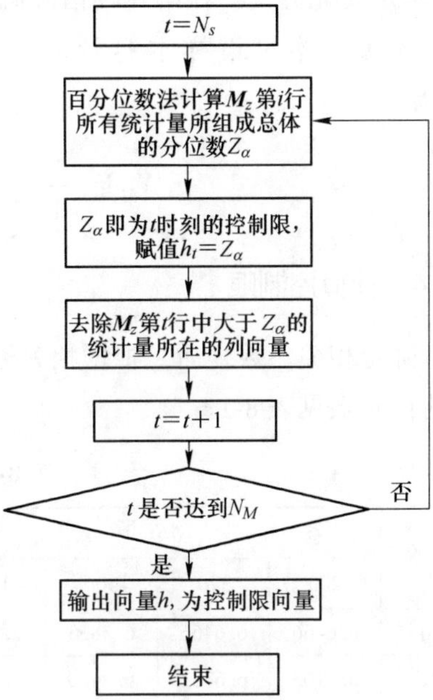

图 8-5 计算控制限的流程图

8.3.3 确定计算参数

为准确估计控制限，还需要确定原始的随机数个数 N_S、每次模拟的样本容量大小 N_T和总共模拟的次数 N_M。在工业生产中，几种常用的第一种错误犯错概率 α 分别是 0.005，0.0027，0.002，0.001，与之对应的 ARL_0 分别是 200，370，500，1000。对于 4 类第一种错误概率状况，确定各参数的方法如下。

原始随机数个数 N_S：因为 Z_T的离散性质，最初阶段在较小的链长中很难找到适合的 h_t，使其可以保证 SPC 图在运行过程中的误报率达到 α。所以，要保证 SPC 图最初始状态有较低的误报率，就需设置 N_S的最小值。通过文献可知，若 N_S的值取 14，则 α 的最小值能够取到 1/3432。本书依据 Adams 和 Ross 的算法，设置 $N_S=20$。

每次模拟的样本容量大小 N_T：利用实验法加以确定，若 t 逐渐接近 ARL_0，则控制限逐渐收敛。若 $t>ARL_0$，则可近似地认为 $h_t=h_{ARL_0}$。因而，本书在求解 4 种情形下的控制限时，将参数 N_T 设置成不小于所对应的 ARL_0，全部取 $N_T=1000$。

总共模拟的次数 N_M：通过图 8-5 可知，倘若在 t 时刻矩阵 $\boldsymbol{M}_z$ 列数为 L_t，$t+1$时刻则 $\boldsymbol{M}_z$ 的列数为：

$$L_{t+1}=L_t(1-\alpha) \tag{8-28}$$

依据式（8-28），如果矩阵原始列数为 N_M，求解到最后一控制限时，余下的列数 L_{N_T} 为：

$$L_{N_T}=N_M(1-\alpha)^{N_T-N_S} \tag{8-29}$$

式中，L_{N_T} 为样本容量，即余下列数，为了更加准确地估计分位点 Z_α，样本容量

L_{N_T}一定要充分大。在第一种错误概率情况下，对于 4 种与其相对应的平均受控链长 ARL_0，本书设样本容量 $L_{N_T}=50000$。由式（8-29）求得总模拟的次数 N_M为：

$$N_M=\frac{L_{N_T}}{(1-\alpha)^{N_T-N_S}}=\frac{50000}{(1-\alpha)^{980}} \tag{8-30}$$

8.3.4 计算控制限

确定相关参数之后，根据相关流程图，利用 Matlab 求解控制限，通过计算求得的控制限见表 8-1。

表 8-1 控制限简表

序号 t	ARL_0				序号 t	ARL_0			
	200	370	500	1000		200	370	500	1000
20	6.6466	6.6466	6.8833	7.3407	65	6.6184	7.2859	7.7001	8.5514
21	6.2103	6.6822	6.8400	7.1465	70	6.6810	7.3312	7.7433	8.5663
22	6.1051	6.5653	6.8821	7.1223	80	6.7123	7.3597	7.7667	8.6573
23	6.0363	6.6081	6.9201	7.1898	90	6.6830	7.4144	7.8199	8.6917
24	6.0219	6.5193	6.9350	7.3472	100	6.7286	7.3994	7.8365	8.7170
25	5.9906	6.6280	6.9189	7.4955	150	6.7801	7.5691	7.9416	8.8570
26	6.0506	6.7220	6.9472	7.6349	200	6.8156	7.5621	7.9609	8.8818
27	6.1032	6.7592	6.9516	7.7662	250	6.8216	7.6347	8.0496	9.0086
28	6.0801	6.7682	7.0696	7.8029	300	6.7943	7.5930	8.0013	8.9806
29	6.0933	6.7424	7.0929	7.8823	350	6.7927	7.5820	7.9810	9.0108
30	6.1156	6.7356	7.1253	7.8302	400	6.8199	7.5998	7.9991	8.9768
32	6.2197	6.8043	7.1532	7.8862	450	6.7540	7.7025	8.1365	9.0673
34	6.3130	6.9113	7.1895	8.0305	500	6.8766	7.6601	8.0824	9.0814
36	6.3970	6.9286	7.2649	8.0241	550	6.8090	7.6426	8.1623	9.1039
38	6.4730	6.9603	7.3857	8.1155	600	6.8863	7.6688	8.0189	9.1413
40	6.5423	7.0236	7.4536	8.2535	650	6.8604	7.6636	8.1312	9.1336
43	6.6351	7.0314	7.4160	8.3063	700	6.7638	7.6103	8.0174	9.0225
46	6.6601	7.7143	7.5283	8.2722	750	6.7495	7.5943	8.0131	9.0722
49	6.6671	7.1365	7.5087	8.3197	800	6.8239	7.8135	8.3019	9.1478
52	6.649	7.1856	7.6115	8.4931	900	6.9145	7.6316	7.9782	9.0301
55	6.6502	7.2416	7.6548	8.4937	950	6.9073	7.6720	8.1311	9.0586
60	6.6102	7.2570	7.6476	8.5030	1000	6.8874	7.5911	8.0588	9.1395

由表 8-1 可知，控制限会伴随着时间的增加而渐渐收敛，最后趋向稳定。$ARL_0=200$ 时，截止到 $t=200$，控制限已经趋近于 6.8；$ARL_0=370$ 时，截止到 $t=400$，控制限已经趋近于 7.6；$ARL_0=500$ 时，截止到 $t=500$，控制限已经趋近于 8.0；$ARL_0=1000$ 时，截止到 $t=750$，控制限已经趋近于 9.0。

为便于观测和利用控制限，对于处于离散的控制限采取一元非线性的多项式拟合，所用到的拟合式为：

$$h_t = a + b_1t + b_2t^2 + b_3t^3 + b_4t^4 + b_5t^5 + b_6t^6 + b_7t^7 + b_8t^8 + b_9t^9 \quad (8\text{-}31)$$

式中，$t = 20, 21, \cdots, 1000$，当 $t > 1000$ 时，由于收敛性，取 $h_t = h_{1000}$。

对于平均受控链长 $ARL_0=200$，370，500，1000 这 4 种情况，通过计算得到的多项式常数见表 8-2。

表 8-2 控制限拟合函数的常数表

参数	ARL_0			
	200	370	500	1000
a	5.54×10^{0}	5.96×10^{0}	6.10×10^{0}	6.27×10^{0}
b_1	3.60×10^{-2}	3.86×10^{-2}	4.76×10^{-2}	7.07×10^{-2}
b_2	-4.23×10^{-4}	-4.04×10^{-4}	-5.19×10^{-4}	-7.95×10^{-4}
b_3	2.66×10^{-6}	2.33×10^{-6}	3.06×10^{-6}	4.83×10^{-6}
b_4	-9.87×10^{-9}	-8.03×10^{-9}	-1.07×10^{-8}	-1.7×10^{-8}
b_5	2.26×10^{-11}	1.72×10^{-11}	2.31×10^{-11}	3.87×10^{-11}
b_6	-3.22×10^{-14}	-2.30×10^{-14}	-3.12×10^{-14}	-5.39×10^{-14}
b_7	2.79×10^{-17}	1.86×10^{-17}	2.57×10^{-17}	4.56×10^{-17}
b_8	-1.34×10^{-24}	-8.31×10^{-21}	-1.17×10^{-20}	-2.15×10^{-20}
b_9	2.72×10^{-24}	1.57×10^{-24}	2.28×10^{-24}	4.30×10^{-40}

为验证拟合的回归结果，本书选取相关指数 R^2 当作衡量标准，其求解公式为：

$$R^2 = 1 - \frac{\sum_{t=20}^{1000}(h_t - \hat{h})}{\sum_{t=20}^{1000}(h_t - \overline{h_t})} \quad (8\text{-}32)$$

式中，$\hat{h}$ 为由式（8-27）计算出的回归值，$\overline{h_t}$ 代表 h_t 的均值（$t = 20, 21, \cdots, 2000$），其求解结果如下：

（1）当 $ARL_0=200$ 时，$R^2=0.53337$；

（2）当 $ARL_0=370$ 时，$R^2=0.89921$；

（3）当 $ARL_0=500$ 时，$R^2=0.90036$；

（4）当 $ARL_0=1000$ 时，$R^2=0.93547$。

由计算的结果可知，当 $ARL_0=$ 370，500，1000 时，其相关指数都近似等于 1，这证明其拟合效果很好。当 $ARL_0=$ 200 时，由于其相关指数很低，不建议使用此拟合函数。

利用式（8-31）以及表 8-2，通过计算求得四种平均受控链长的控制限拟合图，如图 8-6 所示。

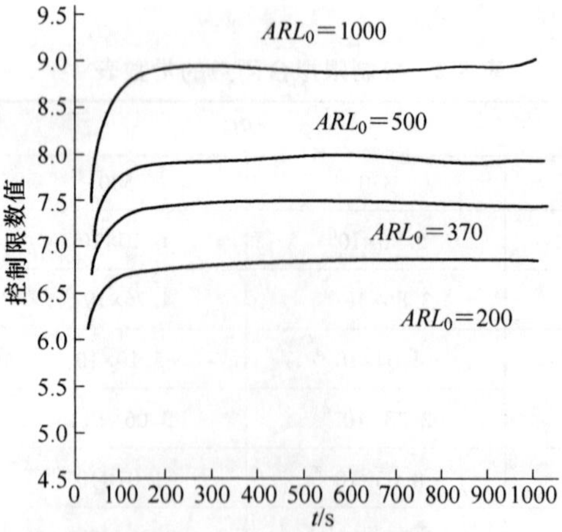

图 8-6　控制限拟合图

由图 8-6 可知，在计算控制限上，蒙特卡洛模拟法的收敛性能非常好，证明将库奇尼检验理论与变点模型结合，从而提出的基于库奇尼检验的非参数统计质量控制（NCCSPC）图是具有可行性的。

9 非参数统计质量控制（NCCSPC）图的性能仿真研究

9.1 基于非参数检验与变点模型的 SPC 图

控制图运行长度为控制图第一个异常点出现前的样本个数，其期望值（即平均运行长度 ARL）是衡量控制图性能的重要指标。过程处于受控时，平均运行长度为平均受控链长为 ARL_0，ARL_0越大，控制图发出错误警报的频率就越低。过程处于失控时，平均运行长度为平均失控链长为 ARL_1，ARL_1越小，对于过程失控的情况控制图所作出反应越迅速。

由前述可知第一种犯错概率决定着 ARL_0，第二种犯错概率决定着 ARL_1。由统计知识可知，第一种犯错概率与第二种犯错概率不可以同时缩小。所以要减小一种犯错概率，作假设检验时就要另一种犯错概率被控制在一个很小的范围内。进行控制图设计时，将 ARL_0确定，使 ARL_1尽量减小。

工业生产中，一般会将 ARL_0设置成 200，370，500，1000 这 4 个数值。本书设置 ARL_0为 370，计算基于控制图的 ARL_1后来验证该图的性能。

本章利用对比法分析设计出的 NCCSPC 图的检出性能（第二阶段控制图）。当该阶段行进到时刻 t 时，已采集到 t 个样本：X_1，X_2，…，X_t，做下面的假设：

$$\begin{aligned} &H_0:\ X_1,\ X_2,\ \cdots,\ X_t \sim F_0 \\ &H_1:\ X_1,\ \cdots,\ X_\tau \sim F_0 \quad X_\tau,\ \cdots,\ X_t \sim F_1 \end{aligned} \tag{9-1}$$

式中，τ 是未知的，即假设样本中的变点时刻；零假设 H_0代表全部样本来自于相同分布，过程为正常；备择假设 H_1代表全部样本并非来自相同分布，过程为异常。α 为零假设被接受的显著性水平。首先介绍其他几种基于非参检验法与变点模型结合的控制图作为比较。

9.1.1 基于 Mann-Whitney 检验与变点模型的 SPC 图

2010 年，Deng 和 Hawking 提出了基于 Mann-Whitney 检验与变点模型的非参数 SPC 图。为使描述简洁，本书把该 SPC 图简称为 NMCSPC 图。接下来对该控制图进行简单的介绍。

依据式（9-1），把样本 X_1，X_2，…，X_t 分成 X_1，X_2，…，X_k 与 X_{k+1}，X_{k+2}，…，X_t 两个子样本。Mann-Whitney 检验统计量 $U_{k,\ t}$ 的定义如下：

$$U_{k,\ t} = 2\sum_{i=1}^{k} R_i - k(t+1) \tag{9-2}$$

式中，R_i为X_i在样本X_1，X_2，…，X_t中的秩。以零假设为前提，统计量$U_{k,\ t}$的期望及方差为：

$$\mathrm{E}(U_{k,\ t}) = 0,\ \mathbf{Var}(U_{k,\ t}) = \frac{k(t-k)(t+1)}{3} \tag{9-3}$$

标准化$U_{k,\ t}$得到$T_{k,\ t}$：

$$T_{k,\ t} = \frac{U_{k,\ t}}{\sqrt{k(t-k)(t+1)/3}} \tag{9-4}$$

与变点模型结合后，Deng 和 Hawking 定义了统计量$T_{\max,\ t}$：

$$T_{\max,\ t} = \max_{1<k<t} |T_{k,\ t}| \tag{9-5}$$

通过统计量$T_{\max,\ t}$来绘制 NMCSPC 图，对过程实行监控。

9.1.2 基于 Cramer-von Mises 检验与变点模型的 SPC 图

2012 年，Adams 和 Ross 提出了基于 Cramer-von-Mises 检验与变点模型的非参数 SPC 图。为使描述简洁，本书把该 SPC 图简称为 NCVCSPC 图。

依据式（9-1），把样本X_1，X_2，…，X_t分成X_1，X_2，…，X_k与X_{k+1}，X_{k+2}，…，X_t两个子样本。两样本的经验分布函数F_{S_1}及F_{S_2}的定义分别如下：

$$F_{S_1}(X_i) = \frac{1}{k}\sum_{j=1}^{k} I(X_j \leqslant X_i),\quad F_{S_2}(X_i) = \frac{1}{t-k}\sum_{j=k+1}^{t} I(X_j \leqslant X_i) \tag{9-6}$$

其中

$$I(X_i \leqslant x) = \begin{cases} 1 & X_i \leqslant x \\ 0 & X_i > x \end{cases} \tag{9-7}$$

将两分布间的平均距离的平方的统计量$W_{k,\ t}$定义如下：

$$W_{k,\ t} = \sum_{j=1}^{t} |F_{S_1}(X_i) - F_{S_2}(X_i)|^2 \tag{9-8}$$

以零假设为前提，统计量$W_{k,\ t}$的期望、方差为：

$$\mathrm{E}(W_{k,\ t}) = \frac{t+1}{6t},\ \mathrm{Var}(W_{k,\ t}) = \frac{(t+1)[(1-3/4k)t^2 + (1-k)t - k]}{45t^2(t-k)} \tag{9-9}$$

标准化$W_{k,\ t}$后，与变点模型结合，Adams 和 Ross 定义了下面的统计量$W_{\max,\ t}$：

$$W_{\max,\ t} = \max_{1<k<t} \frac{W_{k,\ t} - \mathrm{E}(W_{k,\ t})}{\sqrt{\mathrm{Var}(W_{k,\ t})}} \tag{9-10}$$

通过统计量$W_{\max,\ t}$来绘制 NCVCSPC 图，对过程实行监控。

9.1.3 基于 Lepage 检验与变点模型的 SPC 图

2011 年，Ross，Adams 和 Tasoulis 提出了基于 Lepage-type 检验与变点模型的非参数 SPC 图（结合了两种检验法，其中 Mann-Whitney 检验主要检验针对均值的差异，Mood 检验主要检验针对方差的差异）。为使描述简洁，本书把该 SPC 图简称为 NLCSPC 图。

依据式（9-1），把样本 X_1，X_2，…，X_t 分成 X_1，X_2，…，X_k 与 X_{k+1}，X_{k+2}，…，X_t 两个子样本。将两样本的 Mann-Whitney 检验统计量 $M_{k,\ t}$ 及 Mood 检验统计量 $D_{k,\ t}$ 分别定义为：

$$M_{k,\ t} = \sum_{i=1}^{k} R_i,\ D_{k,\ t} = \sum_{i=1}^{k} \left(R_i - \frac{t+1}{2}\right)^2 \tag{9-11}$$

统计量 $M_{k,\ t}$ 与 $D_{k,\ t}$ 的期望与方差分别为：

$$\begin{aligned} \mathrm{E}(M_{k,\ t}) &= \frac{k(t+1)}{2},\quad \mathrm{Var}(M_{k,\ t}) = \frac{k(t-k)(t+1)}{12} \\ \mathrm{E}(D_{k,\ t}) &= \frac{k(t^2+1)}{12},\quad \mathrm{Var}(D_{k,\ t}) = \frac{k(t-k)(t+1)(t^2-4)}{180} \end{aligned} \tag{9-12}$$

将 $M_{k,\ t}$ 与 $D_{k,\ t}$ 标准化后对其平方和进行求解，Lepage 统计量 $L_{k,\ t}$ 结果如下：

$$L_{k,\ t} = \left(\frac{M_{k,\ t} - \mathrm{E}(M_{k,\ t})}{\sqrt{\mathrm{Var}(M_{k,\ t})}}\right)^2 + \left(\frac{D_{k,\ t} - \mathrm{E}(D_{k,\ t})}{\sqrt{\mathrm{Var}(D_{k,\ t})}}\right)^2 \tag{9-13}$$

与变点模型结合后，几位学者提出统计量 $L_{\max,\ t}$：

$$L_{\max,\ t} = \max_{1<k<t} L_{k,\ t} \tag{9-14}$$

通过统计量 $L_{\max,\ t}$ 来绘制 NLCSPC 图，对过程实行监控。

9.2 针对非参数分布样本的 SPC 图检出性能分析

在实际的工业生产现场中，所生产产品的质量特征值绝大部分都近似地服从参数分布，本节会设置三种异常偏移，以在此基础之上利用 Matlab 进行蒙特卡洛模拟来对 ARL_1 进行估计，通过分析对比，设计的 NCCSPC 图与其他几种 SPC 图在参数分布样本的条件下的异常过程的检出性能。

9.2.1 设置异常偏移并确定相关参数

设 r 为变点位置，发生变化之前，在标准参数分布下产生随机样本：

$$X_1,\ X_2,\ \cdots,\ X_{\tau-1} \sim N(0,\ 1)$$

发生变化之后，设置以下三种异常偏移：

（1）均值偏移。在均值偏移下，产生随机样本：

$$X_\tau，X_{\tau+1}，\cdots，X_t \sim N(\delta_m，1)$$

本节给定下面 13 个均值偏移值，以验证不同的偏移对 ARL_1 产生的影响：

$$\delta_m \in \{0.25，0.5，0.75，1，1.25，1.5，1.75，2，2.5，3，3.5，4，5\} \tag{9-15}$$

从理论上讲，ARL_1 越小，则证明越晚发生异常。由于正常样本越多便能提供越充分的分布情况，致使对于过程偏移控制图有更高的敏感度。本次考虑 $\tau = 50$ 与 $\tau = 150$ 这两种情形，检验不同的变点位置对 ARL_1 产生的影响。

（2）方差偏移。在方差偏移下，产生随机样本：

$$X_\tau，X_{\tau+1}，\cdots，X_t \sim N(0，\delta_s)$$

本节给定下面 12 个方差偏移值，以验证不同的偏移对 ARL_1 产生的影响：

$$\delta_m \in \{0.25，0.5，0.75，1.25，1.5，1.75，2，2.5，3，3.5，4，5\} \tag{9-16}$$

同上述的均值偏移验证，本次也考虑 $\tau = 50$ 与 $\tau = 150$ 这两种情况，检验不同的变点位置对 ARL_1 产生的影响。

（3）均值-方差偏移。在均值-方差偏移下，产生随机样本：

$$X_\tau，X_{\tau+1}，\cdots，X_t \sim N(\delta'_m，\delta'_s)$$

本节给定下面 4 个均值偏移值及 6 个方差偏移值混合使用，一共有 24 种组合情况，以验证不同程度的均值-方差偏移对 ARL_1 所产生的影响：

$$\begin{aligned} &\delta'_m \in \{0.25，0.5，1，2\} \\ &\delta'_s \in \{0.25，0.5，0.75，1.25，1.5，2\} \end{aligned} \tag{9-17}$$

同上述的两种偏移验证，此时，仅仅考虑 $\tau = 100$ 这一种情况。检验不同的变点位置对 ARL_1 产生的影响。

9.2.2　ARL_1 的模拟估计流程

对于平均失控链长 ARL_1，本节将利用蒙特卡洛模拟法来进行估计，该方法的详细估计理论与流程如 8.3 节所述。同控制限的估计是一样的，利用蒙特卡洛模拟对平均失控链长进行估计时，只有进行很多次的模拟之后获取到大量的失控链长，才能过建立起其失控链长的经验分布，最后求解出失控链长的平均值作为估计值。本节所设计的蒙特卡洛模拟对 ARL_1 进行估计的具体流程如图 9-1 所示。

图 9-1 中 i 为模拟的次数；j 为实时模拟的次数；N_s 为每一次模拟所产生的原始随机数的个数；$N_{\max}$ 为最大链长，避免控制图出现无限制的运行；N_M 为总模拟的次数，为可以准确地对 ARL_1 进行估计，由文献查找，取 $N_M = 10000$。

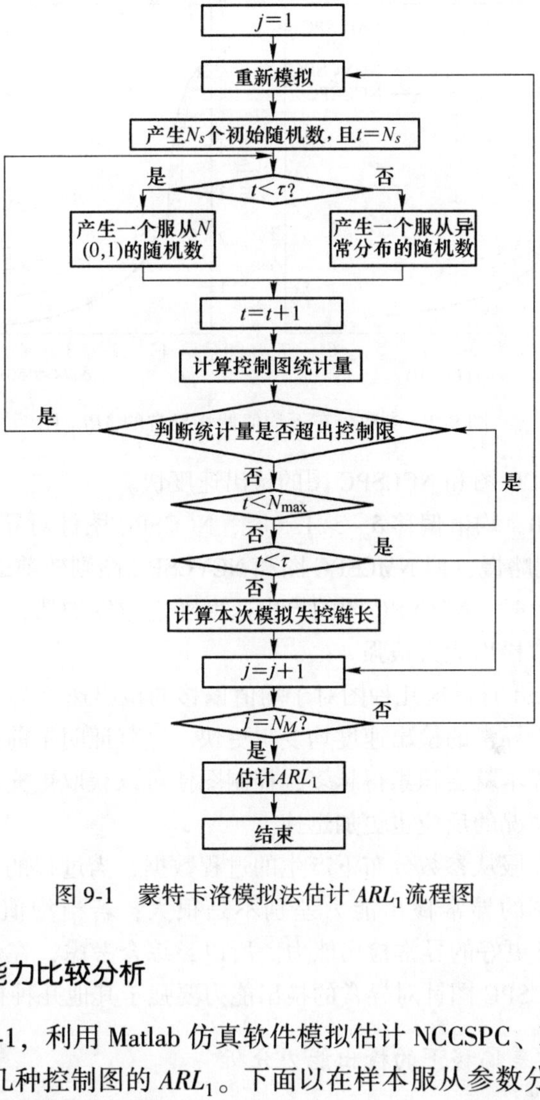

图 9-1 蒙特卡洛模拟法估计 ARL_1 流程图

9.2.3 异常检出能力比较分析

根据流程图 9-1，利用 Matlab 仿真软件模拟估计 NCCSPC、NMCSPC、NCVCSPC、NLCSPC 这几种控制图的 ARL_1。下面以在样本服从参数分布时，这几种控制图对于三种异常偏移的（均值、方差、均值-方差）检出性能进行对比分析。

9.2.3.1 均值偏移下的检出能力分析

对在参数分布下，设置均值偏移时，4 种控制图的平均失控链长 ARL_1 模拟结果如图 9-2 所示。在图中，为了使比较方便，分别设置纵坐标变量为 $\ln ARL_1$，横坐标变量为偏移程度 δ_m，在 $\tau = 50$ 及 $\tau = 150$ 这两种情况下，进行求解分析。

由图 9-2 可知：

(1) 当 $\tau = 50$，均值偏移 $\delta_m < 1$ 时，NMCSPC 图和 NCVCSPC 图的异常检出

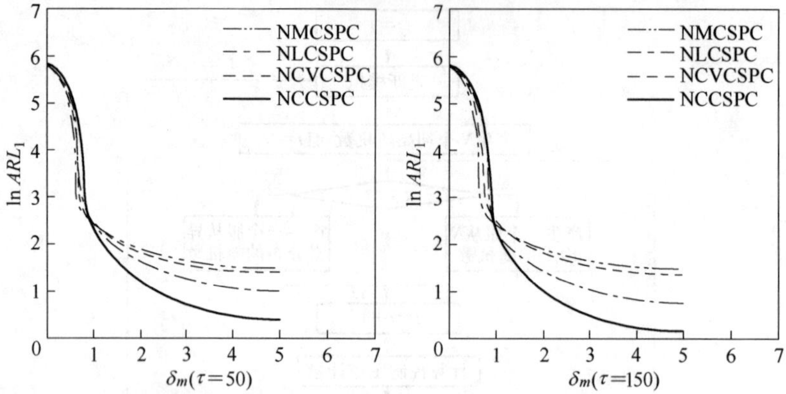

图 9-2　参数分布下均值偏移异常的 ARL_1 图

速度稍稍比 NLCSPC 图和 NCCSPC 图的检出速度快。

（2）当 $\tau=50$，均值偏移 $\delta_m>1.5$ 时，NCCSPC 图针对异常的检出速度是最快的，NLCSPC 图略慢，但 NMCSPC 图和 NCVCSPC 图则较前二者慢很多。而且，当偏移量不断增大时，NCCSPC 图的检出速度随之越发加快，证明 NCCSPC 图对于均值偏移的异常检出能力很强。

（3）当 $\tau=150$ 时，这几种图对于均值偏移的检出速度与 $\tau=50$ 时的变化情形相似，但是对于异常的检出速度均变得更快。这就证明了前述所介绍异常出现得越晚，正常的样本就会积累得越多，控制图便可以获取更充足的过程数据，因此对出现的异常情况的反应也更加迅速。

由此可见，在服从参数分布下产生的过程数据，当过程的均值偏移不够明显时，这几种控制图的异常检出能力差别不是很大；若当均值产生较大偏移时，NCCSPC 图则具备更好的异常检出能力。所以，综合考虑，在参数分布下出现均值偏移异常，NCCSPC 图针对异常的检出能力要强于其他几种控制图。

9.2.3.2　方差偏移下的检出能力分析

对在参数分布下，设置方差偏移时，4 种控制图的平均失控链长 ARL_1 模拟结果如图 9-3 所示。在图中，为了使比较方便，分别设置纵坐标变量为 $\ln ARL_1$，横坐标变量为偏移程度 δ_s，在 $\tau=50$ 及 $\tau=150$ 这两种情况下，进行求解分析。

由图 9-3 可知：

（1）当 $\tau=50$，方差 $\delta_s<1$ 时，NCCSPC 图、NLCSPC 图与 NCVCSPC 图针对异常的检出速度会伴随着不断增大的方差偏差量而不断加快，NCCSPC 图和 NLCSPC 图的检出速度基本一致，但要显著地强于 NCVCSPC 图的检出速度；然而 NMCSPC 图针对异常的检出速度却逐渐减慢，证明 NMCSPC 图对于方差变小

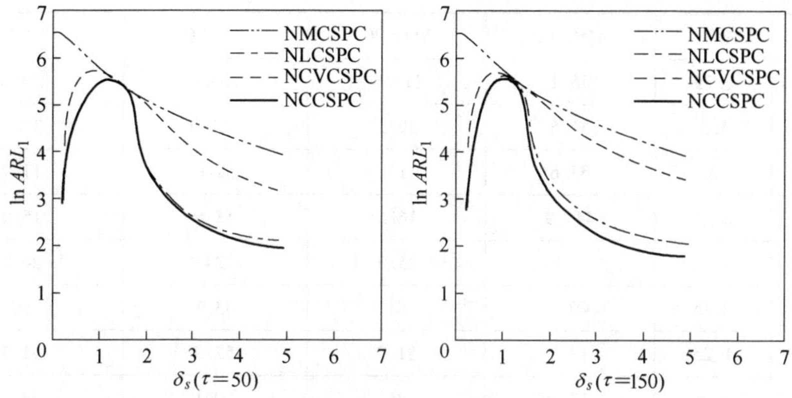

图 9-3 参数分布下方差偏移异常的 ARL_1 图

的偏移情况不够敏感。

(2) 当 $\tau=50$，方差 $\delta_s>1$ 时，这几种控制图对于方差偏移的检出速度伴随着方差偏差的增大而加快，NCCSPC 图具有最快检出速度，NMCSPC 图最慢，证明这时的 NCCSPC 图的异常检出能力是最佳的，NMCSPC 图的异常检出能力则最差。

(3) 当 $\tau=150$ 时，这几种控制图对于方差偏移的检出速度与 $\tau=50$ 时的类似，但对于异常的检出速度均变得更快。该现象同均值偏移的相同，证明异常越晚出现，正常样本越多积累，控制图取得更充足的过程数据，因此对异常的反应也更加灵敏。

(4) 综合上述几种情形，NCCSPC 图对于方差偏移的检出速度都是最快的，即针对异常的检出能力最优。

由此可见，在服从参数分布下产生的过程数据，NCCSPC 图针对方差偏移的异常的检出速度是最快的，性能最优，特别在方差产生较大偏移的情形下。

9.2.3.3 均值-方差偏移下的检出能力分析

当 $\tau=100$ 时，这几种控制图在参数分布下对于均值与方差偏移都发生异常的平均失控链长 ARL_1 计算结果见表 9-1。

表 9-1 参数分布下均值-方差偏移异常的 ARL_1

δ'_m	δ'_s	NMCSPC	NLCSPC	NCVCSPC	NCCSPC
0.25	0.25	672.4	15	25.4	14
	0.5	433.8	30.9	91.8	30.1
	0.75	232.7	162.3	228.7	165.8

续表 9-1

δ'_m	δ'_s	NMCSPC	NLCSPC	NCVCSPC	NCCSPC
0.25	1.25	75.1	111.8	163.4	110.7
	1.5	51.5	39.2	117.9	37.5
	2	33.6	13	51.6	11.9
0.5	0.25	445.9	16.5	13.6	15.2
	0.5	122	25.9	24	24.7
	0.75	40.6	51	43.1	50
	1.25	15.6	51.2	52.9	51.3
	1.5	12.9	26	50.1	24.7
	2	10.1	11.7	35.5	10.4
1	0.25	104.2	10	5.2	9
	0.5	14.6	10.9	6.7	10
	0.75	8.2	11.8	8.8	10.9
	1.25	5.3	11.8	12.5	10.9
	1.5	4.8	10.8	14.5	9.4
	2	3.8	8.3	16.1	7.2
2	0.25	11.3	2	3.3	1.8
	0.5	5.2	2.7	3.5	2
	0.75	4	3.2	3.8	2.4
	1.25	3.4	4.1	5	3.2
	1.5	3.3	4.4	5.5	3.6
	2	3.3	5	6.8	4

由表 9-1 可知：

（1）伴随着均值偏移、方差偏移均增大，NCCSPC 图的 ARL_1 持续减小，证明其对于异常的检出速度逐渐变快。

（2）在 $\delta'_s < 1$ 且方差变小时，在大多数情况下 NCCSPC 图的异常检出能力都要强于其他几种控制图。

（3）以 $\delta'_m = 0.25$ 与 $\delta'_m = 2$ 为前提，在 $\delta'_s > 1$ 且方差变大时，NCCSPC 图对于异常的检出能力均强于其他几种控制图。

（4）以 $\delta'_m = 0.5$ 与 $\delta'_m = 1$ 为前提，在 $\delta'_s > 1$ 且方差变大时，NCCSPC 图对于异常的检出能力没有 NMCSPC 图好，但要强于另外两种控制图。

综合而言，在服从参数分布下产生的过程数据，均值与方差都产生偏移时，

NCCSPC 图和 NLCSPC 图的检出速度的差别不是很大，但是 NCCSPC 图的检出速度要略强于 NLCSPC 图。当服从参数分布时产生的过程数据在发生三种异常偏移（均值、方差、均值-方差）时，同其他三种控制图相比较，NCCSPC 图的异常检出性能要优于其他三种控制图，要优先选择。

9.3 针对非参数分布的 SPC 图检出性能分析

NCCSPC 图、NMCSPC 图、NCVCSPC 图及 NLCSPC 图这几种控制图都是非参数控制图，从理论上来说，对与服从不同的分布都有很好的异常检出能力。在工业实际生产中有两种较常用到的非参数分布：学生 t 分布及卡方分布，接下来分析这几种控制图在上述非参数分布下的异常检出能力。

9.3.1 针对学生分布的 SPC 图的检出性能分析

学生 t 分布又称为对称分布，简称为 t 分布，其特性带有长尾。若自由度为 n，则记 t 分布为 $t(n)$。

设 τ 为变点的位置，在发生变化前，产生随机的均值 0，方差 1 的学生 t 分布样本：

$$X_1,\ X_2,\ \cdots,\ X_{\tau-1} \sim t(3)/\sqrt{3}$$

发生变化后，设置以下三种异常偏移。

（1）均值偏移。在均值偏移下，产生随机样本：

$$X_\tau,\ X_{\tau+1},\ \cdots,\ X_t \sim t(3)/\sqrt{3} + \delta_m$$

这时，总体分布均值是 δ_m，方差是 1。

（2）方差偏移。在方差偏移下，产生随机样本：

$$X_\tau,\ X_{\tau+1},\ \cdots,\ X_t \sim \delta_s \cdot t(3)/\sqrt{3}$$

这时，总体分布均值是 0，方差是 δ_s。

（3）均值-方差偏移。在均值-方差偏移下，产生随机样本：

$$X_\tau,\ X_{\tau+1},\ \cdots,\ X_t \sim \delta'_s \cdot t(3)/\sqrt{3} + \delta'_m$$

这时，总体分布均值是 δ'_m，方差是 δ'_s。

这几种控制图对于学生 t 分布的异常进行检出模拟时，异常偏移的设置种类、参数、模拟的估计流程同在参数分布下的情况时相同，此处不予赘述。

接下来针对三种异常偏移，对这几种控制图的检出能力进行分析。

（1）均值偏移下的检出能力分析。对于学生 t 分布，在均值偏移异常下，这几种控制图的平均失控链长 ARL_1 模拟结果如图 9-4 所示。结合图 9-2 及图 9-4，通过分析可知：

对于学生 t 分布，这几种控制图针对过程样本出现均值偏移的检出性能同服从参数分布时的类似：当生产的过程的均值偏移不够显著，几种控制图针对异常的检出能力差别不大；若均值偏移出现较大情形时，NCCSPC 图的异常检出能力则更好。由此，对于学生 t 分布，在均值偏移异常下，NCCSPC 图异常检出能力要强于其他几种控制图。

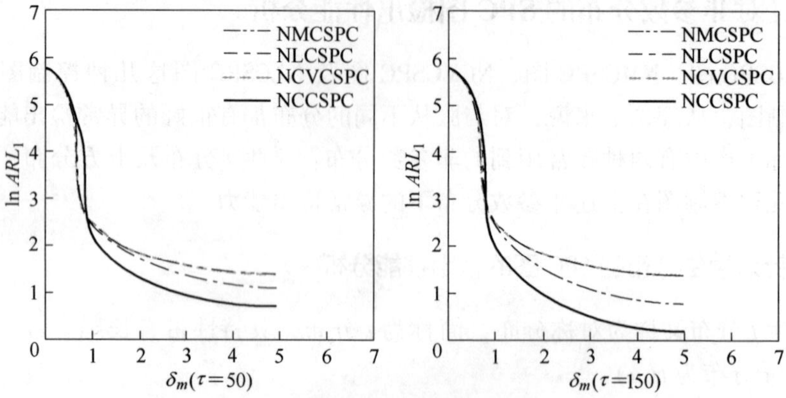

图 9-4 学生 t 分布下均值偏移异常的 ARL_1 图

（2）方差偏移检出性能分析。对于学生 t 分布，在方差偏移异常下，这几种控制图的 ARL_1 结果如图 9-5 所示。

结合图 9-3 及图 9-5 分析可知，对于学生 t 分布，这几种控制图对样本出现方差偏移的检出性能同服从参数分布时类似：对服从该分布的过程样本数据，NCCSPC 图对于异常的检出速度是最快的，性能也最优，特别是对于方差有较大偏移的情况。

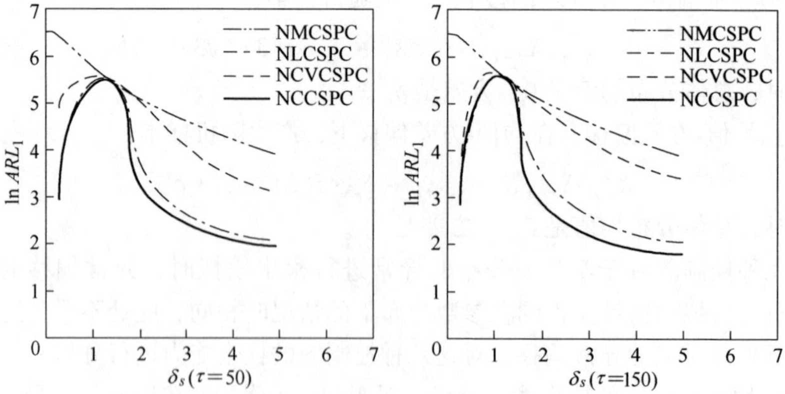

图 9-5 学生 t 分布下方差偏移异常的 ARL_1 图

（3）均值-方差偏移下的检出能力分析。对于学生 t 分布，在均值–方差偏移下，这几种控制图的 ARL_1 结果见表 9-2。

结合表9-1及表9-2，通过分析可知，这几种控制图对于学生 t 分布产生的均值-方差同时发生偏移的异常检出能力与服从参数分布时的几乎类似，但仍有两处不同：

1）大部分的状况下，NMCSPC图的检出速度都会随着方差的增大而变慢。这是由于学生 t 分布的方差变大时，它可以部分消除均值偏移所导致的两样本之间的位置差异，促使Mann-Whitney检验对于两样本的异常存在敏感度下降的情况。

表9-2 学生 t 分布下均值-方差偏移异常的 ARL_1

δ'_m	δ'_s	NMCSPC	NLCSPC	NCVCSPC	NCCSPC
0.25	0.25	102.4	18	20.2	16.6
	0.5	119.4	36	54.6	35.2
	0.75	133.5	115.7	107.2	110.5
	1.25	113.2	129.4	112.5	122.6
	1.5	104.8	63.1	96.2	60.3
	2	83.3	19.9	59.3	19.4
0.5	0.25	11.6	15.5	8.3	14.5
	0.5	14.3	20.5	12.3	19.6
	0.75	18.2	27.3	16.7	26.3
	1.25	24.9	27.3	24.7	31.7
	1.5	27.4	30.7	24.7	24.2
	2	34.2	25.1	29.4	13.6
1	0.25	5.1	5.8	4.5	4.7
	0.5	5.5	6.2	5	5.3
	0.75	6.2	7	5.9	6
	1.25	8.1	7.9	7.9	6.9
	1.5	9.2	8.1	8.5	7.1
	2	11.3	7.8	10.8	6.9
2	0.25	3.5	3.6	3.5	1.7
	0.5	3.6	2.7	3.5	1.8
	0.75	3.8	2.9	3.6	1.9
	1.25	4.2	3.2	4.1	2.2
	1.5	4.5	3.4	4.4	2.4
	2	5.2	3.8	5	2.8

2）以 $\delta'_m=2$ 为前提，当 $\delta'_s>1$ 时，NLCSPC 图和 NCCSPC 图的检出速度都会随着方差的增大而逐渐变小，而导致这种现象的原因同上一点相同。

综上，对于服从学生 t 分布而产生的过程数据，当均值及方差都出现偏移时，NCCSPC 图与 NLCSPC 图的检出速度的差别不是很大，然而 NCCSPC 图要稍稍强于 NLCSPC 图。对于服从学生 t 分布，在过程数据产生三种异常偏移（均值、方差、均值-方差）时，同其他几种控制图相比较，NCCSPC 图的综合检出能力更优越，应当优先选择。

9.3.2　针对卡方分布的 SPC 图的检出能力分析

卡方分布，又称 χ^2 分布。它是一种非对称型的概率分布。当自由度为 n 时，记 χ^2 分布为 χ^2_n 或 $\chi^2(n)$ 。

设 τ 为变点位置，首先产生一组随机的服从分布 $(\chi^2_3-3)/\sqrt{6}$ 的数据当作正常样本数据。这时，样本服从分布的均值是 0，方差是 1：

$$X_1,\ X_2,\ \cdots,\ X_{\tau-1}\sim(\chi^2_3-3)/\sqrt{6}$$

在此之后出现的异常样本，将有三种情况。

（1）均值偏移。在均值偏移下，产生随机样本：

$$X_\tau,\ X_{\tau+1},\ \cdots,\ X_t\sim(\chi^2_3-3)/\sqrt{6}+\delta_m$$

这时，样本服从分布的均值是 δ_m ，方差是 1。

（2）方差偏移。在方差偏移下，产生随机样本：

$$X_\tau,\ X_{\tau+1},\ \cdots,\ X_t\sim\delta_s\cdot(\chi^2_3-3)/\sqrt{6}$$

这时，样本服从分布的均值是 0，方差是 δ_s 。

（3）均值-方差偏移。在均值-方差偏移下，产生随机样本：

$$X_\tau,\ X_{\tau+1},\ \cdots,\ X_t\sim\delta'_s\cdot(\chi^2_3-3)/\sqrt{6}+\delta'_m$$

这时，样本服从分布的均值是 δ'_m ，方差是 δ'_s 。

对于卡方分布，这几种控制图对异常进行检出模拟时，异常的偏移种类设置、参数、模拟的估计流程都与服从参数分布时的相同，无需赘述。

接下来就三种异常偏移，通过对这几种的控制图的检出能力分别进行分析。

（1）均值偏移下的检出能力分析。对于卡方分布，这几种控制图针对异常的 ARL_1 模拟结果如图 9-6 所示。

结合图 9-2 及图 9-6 分析可知：

对于卡方分布，在样本数据出现均值偏移时，这几种控制图的异常检出能力与服从参数分布时的大致相同，从而得出如下结论：对于服从卡方分布的过程样本数据，当过程的均值偏移不够明显时，这几种控制图的检出能力差别不是很大；但若均值出现较大偏移时，NCCSPC 图的异常检出能力具有的效果更佳。

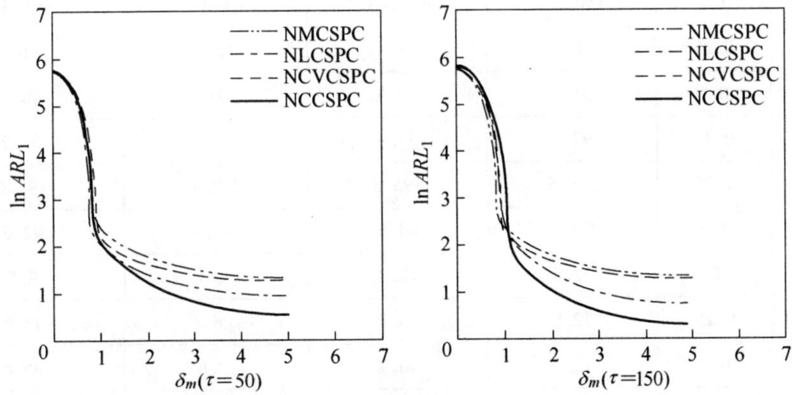

图 9-6 卡方分布下均值偏移异常的 ARL_1 图

综上，对于卡方分布，若样本均值偏移出现异常，NCCSPC 图的综合检出性能要强于其他几种控制图。

（2）方差偏移下的检出能力分析。4 种控制图对于卡方分布，这几种控制图针对异常的 ARL_1 结果如图 9-7 所示。

结合图 9-3 及图 9-7 分析可知，对于卡方分布，这几种控制图针对方差偏移异常的检出能力与服从参数分布时的大致类似：对服从该分布的过程样本数据，NCCSPC 图的检出速度是最快的，性能也最优，特别是对方差出现较大偏移的情况。

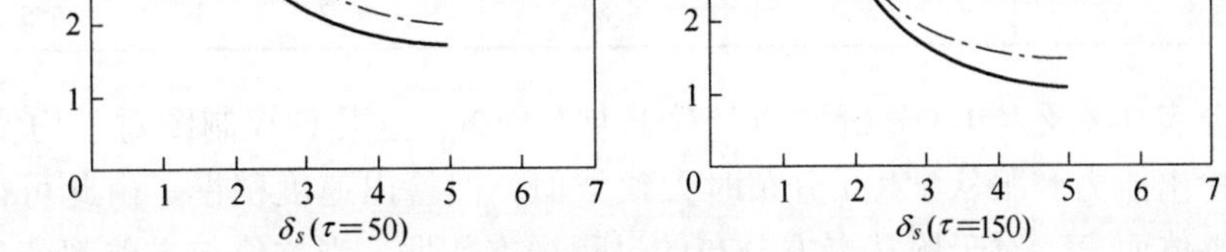

图 9-7 卡方分布下方差偏移异常的 ARL_1 图

（3）均值-方差偏移下的检出能力分析。对于卡方分布，这几种控制图针对该偏移异常的 ARL_1 计算结果见表 9-3。

表 9-3　卡方分布下均值-方差偏移异常的 ARL_1

δ'_m	δ'_s	NMCSPC	NLCSPC	NCVCSPC	NCCSPC
0.25	0.25	36.4	15	12.5	14
	0.5	51.2	19.5	21	18.4
	0.75	97.9	33.9	58.3	33.2
	1.25	216.6	195.8	229.4	191.6
	1.5	178.5	44.9	174.3	42.8
	2	72.8	10.7	51.1	9.8
0.5	0.25	12.8	14.7	8	13.6
	0.5	15.3	16.7	10.6	85.6
	0.75	20	21.3	16.1	20.3
	1.25	55.1	88.8	66.7	85.6
	1.5	93.8	81.4	95.5	80.1
	2	94.3	14.2	66.4	13.3
1	0.25	6.5	9.6	5.4	8.4
	0.5	7	9.2	6.1	9.2
	0.75	7.9	10.3	7	9.4
	1.25	11	14.6	10.3	13.3
	1.5	13.2	18.4	14.2	17.8
	2	27.8	19.3	26.6	18.5
2	0.25	4.1	3.4	3.6	2.4
	0.5	4.1	3.6	3.7	2.6
	0.75	4.3	3.8	3.9	2.8
	1.25	4.7	4.6	4.3	3.6
	1.5	5.1	5.1	5	4.1
	2	6.3	6.5	6.3	5.5

结合表 9-2 及表 9-3 分析可知，对于卡方分布，这几种控制图对于均值-方差异常的检出能力和服从学生 t 分布时大致类似，但检出速度稍慢。由此可得类似结论：整体而言，对于服从卡方分布的过程样本数据，当均值与方差都产生偏移时，NCCSPC 图与 NLCSPC 图的检出速度几乎相同，但是 NCCSPC 图稍稍强于 NLCSPC 图。

就整体而言，对于卡方分布，当生产过程的数据发生三种异常偏移（均值、方差、均值-方差），同其他几种控制图相比较，NCCSPC 图的综合检出性能要优于其他控制图，要优先选择。

9.4 异常诊断

在利用控制图进行生产过程的监控时，在发现异常之后，要对异常采取进一步诊断，找出异常点的确定位置、判断异常类型。下面将详细叙述 NCCSPC 图是如何确定异常点、判别异常类型的。为方便描述，本节定义 T_0 为控制图出现异常的时刻。

9.4.1 变点诊断

变点指的是在实际生产过程中，异常开始发生的时刻，用 τ 表示。通常，控制图在检出异常时的时刻 T 与实际发生的时刻 τ 存在一些滞后，即 $\tau < T$。所以，还要对控制图估计其变点的发生时刻 τ。以 NMCSPC 图、NLCSPC 图及 NCVCSPC 图这几种控制图所采用的变点估计法为基础，本书利用突变点模型来估算变点位置，变点估计值为：

$$\hat{\tau} = \arg \max_{1<k<T} C_{K,\ T} \tag{9-18}$$

式中，$C_{K,\ T}$ 为样本 X_1，…，X_{k-1} 与 X_k，…，X_T 的库奇尼检验统计量。

式（9-18）表示，对于 $k = 2$，…，$T - 1$，当 $C_{K,\ T}$ 取最大值的时候，对应的 k 值即为变点的估计值。

在得知变点估计值之后，将整体样本划分为正常过程的样本 X_1，…，$X_{\hat{\tau}-1}$，与异常过程的样本 $X_{\hat{\tau}}$，…，X_T，随后利用假设检验法，对两样本进行比较分析，从而判别生产过程中所产生的异常种类。

9.4.2 均值异常诊断法

Mann-Whitney 检验法的异常检出能力很强大，是目前应用最广泛的非参数独立两样本的均值检验法。因而，本书选取此方法作为均值异常的诊断方法，其具体诊断方法为：

（1）若两样本容量都小于 20，通过式（9-2）求解的统计量 $U_{\hat{\tau},\ T}$，然后利用查表法，判别两样本的均值是否存在偏移。

（2）若至少存在一个样本的容量比 20 大时，通过式（9-2）~式（9-4）求解统计量 $T_{\hat{\tau},\ T}$，然后利用参数逼近法，判别两样本的均值是否存在差异。

9.4.3 方差异常诊断法

两种最常用的非参数独立两样本的方差检验法是 Ansari-Bradley 检验法和 Mood 检验法。

9.4.3.1 Ansari-Bradley 检验法

当进行 NCVCNSPC 图的设计时，利用 Ansari-Bradley 检验法来判别方差出现偏移与否，其具体判断方法如下。

首先求解统计量：

$$AB = \frac{1}{2}(\hat{\tau} - 1)(T + 1) - \sum_{j=1}^{\hat{\tau}-1} \left| R_j - \frac{1}{2}(T + 1) \right| \tag{9-19}$$

式中，R_j为X_j在总体样本中的秩。

之后分别求解统计量 AB 的期望与方差：

$$\mathrm{E}(AB) = \begin{cases} \dfrac{(\hat{\tau} - 1)(T + 2)}{4} & T\text{ 为偶数} \\ \dfrac{(\hat{\tau} - 1)(T + 1)^2}{4T} & T\text{ 为奇数} \end{cases} \tag{9-20}$$

$$\mathrm{Var}(AB) = \begin{cases} \dfrac{(\hat{\tau} - 1)(T - \hat{\tau} + 1)(T + 2)(T - 2)}{48(T - 1)} & T\text{ 为偶数} \\ \dfrac{(\hat{\tau} - 1)(T - \hat{\tau} + 1)(T + 1)(T^2 + 3)}{48T^2} & T\text{ 为奇数} \end{cases} \tag{9-21}$$

标准化统计量 AB，得到：

$$AB_s = \frac{AB - \mathrm{E}(AB)}{\sqrt{\mathrm{Var}(AB)}} \tag{9-22}$$

Ansari-Bradley 检验法在判断方差出现偏移与否的详细方法如下：

（1）若两样本的容量都小于 20，通过式（9-19）求解的统计量 AB，利用查表法，判别两样本的方差是否存在偏移。

（2）若至少存在一个样本的容量比 20 大，通过式（9-22）求解的统计量 AB_s，之后利用参数逼近法，判别两样本的方差是否存在偏移。

9.4.3.2 Mood 检验法

当进行 NLCSPC 图的设计时，利用 Mood 检验法来判别方差出现偏移与否，其具体判断方法如下。

首先求解统计量：

$$M = \sum_{j=1}^{\hat{\tau}-1} \left(R_j - \frac{T + 1}{2} \right)^2 \tag{9-23}$$

式中，R_j为X_j在总体样本中的秩。

之后分别求解统计量 M 的期望与方差

$$\mathrm{E}(M) = \frac{(\hat{\tau} - 1)(T^2 - 1)}{12} \tag{9-24}$$

$$\mathrm{Var}(M)=\frac{(\hat{\tau}-1)(T-\hat{\tau}+1)(T+1)(T^2-4)}{180} \tag{9-25}$$

标准化统计量 M，得到：

$$M_s=\frac{M-\mathrm{E}(M)}{\sqrt{\mathrm{Var}(M)}} \tag{9-26}$$

Mood 检验法在判别方差出现偏移与否时，与 Ansari-Bradley 检验法相似，详细方法如下：

（1）若两样本的容量不大，通过式（9-23）求解的统计量 M，利用查表法，判别两样本的方差是否存在偏移。

（2）若两样本的容量较大，通过式（9-26）求解得到的统计量后 M_s，之后利用参数逼近法，判别两样本的方差是否存在偏移。

9.4.4 确定异常类型的综合判别法

Mann-Whitney 检验法经常被用于诊断均值异常，而常用的被用于诊断方差异常的诊断法有两种：一是 Ansari-Bradley 检验法；二是 Mood 检验法。在实际的生产进程中，由于并不知道会出现何种异常偏移，所以就要同时针对均值与方差是否产生偏移而进行判断，那么则有两种异常类型的判别法：一是 Mann-Whitney 检验法与 Ansari-Bradley 检验法结合到一起的方法；二是 Mann-Whitney 检验法 Mood 检验法结合到一起的方法。然而每种检验法都有一定的误判率，本书则运用常用的检验显著性水平 0.05，来分析在生产过程中产生不同异常的偏移时，这两种方法判断的准确性。

两样本检验的 P 值为统计指标，其与显著性水平是对应的，表现事件所发生的可能性。对两样本的某个具体特征执行检验时，当 P 值大于显著性水平，则说明存在异常；当 P 值小于显著性水平，说明不存在异常。本书设 Mann-Whitney 检验的 P 值是 P_{mw}、Ansari-Bradley 检验的 P 值是 P_{ab}、Mood 检验的 P 值是 P_m。

为研究异常的发生时刻、偏移大小、非参数特性等对判异准确率产生的影响，求解过程中设置具体的相关参数如下。

样本分布：取参数分布、学生 t 分布、卡方分布（正常过程，设置分布均值是 0，方差是 1）。

均值偏移：$\delta_m=0.25$，0.5，0.75，1，1.5，2，3。

方差偏移：$\delta_s=0.25$，0.5，0.75，1，1.25，1.5，2，3。

均值-方差偏移：$\delta'_m=0.25$，0.5，1，2；$\delta'_s=0.25$，0.5，0.75，1，1.5，2。

异常发生的时间：$\tau=50$，100（同时发生偏移时，仅考虑 $\tau=100$）。

模拟次数：取 10000。

接下来对两种异常类型的判别方法分别进行阐述。

9.4.4.1 综合判异法一

将 Mann-Whitney 检验法与 Ansari-Bradley 检验法结合，即利用 Mann-Whitney 检验法来判断生产过程的均值异常偏移发生与否，利用 Ansari-Bradley 检验法来判断生产过程的方差异常偏移发生与否。综合判异法一被划分为下面三类情况，并分别求解出判异准确率，下面为服从参数分布的实例。

（1）过程中仅有均值偏移发生。由计算机模拟产生样本，且服从 $N(0, 1) \Rightarrow N(\delta_m, 1)$，用 NCCSPC 图实行过程监控。异常出现后，用 Mann-Whitney 检验法与 Ansari-Bradley 检验法分别求解对应的 P 值，若 $P_{mw} \leqslant P_{ab}$ 且 $P_{ab} \geqslant 0.05$，则证明仅发生均值偏移，判别准确，否则证明判别错误。

计算判异准确率的具体过程为：利用蒙特卡洛模拟 10000 次质量的控制过程，并将其中判断正确的个数除以 10000，即求出判异准确率。

（2）过程中仅有方差偏移发生。由计算机模拟产生样本，且服从 $N(0, 1) \Rightarrow N(0, \delta_s)$，用 NCCSPC 图实行过程监控。异常出现后，用 Mann-Whitney 检验法与 Ansari-Bradley 检验法分别求解对应的 P 值，若 $P_{ab} \leqslant P_{mw}$ 且 $P_{mw} \geqslant 0.05$，则证明仅发生方差偏移，判别准确，否则证明判别错误。

计算判异准确率的具体过程为：利用蒙特卡洛模拟 10000 次质量的控制过程，并将其中判断正确的个数除以 10000，即为判断的正确率。

（3）生产过程中仅有均值-方差偏移发生。由计算机模拟产生样本，且服从 $N(0, 1) \Rightarrow N(\delta'_m, \delta'_s)$，用 NCCSPC 图实行过程监控。异常出现后，用 Mann-Whitney 检验法与 Ansari-Bradley 检验法分别求解对应的 P 值，若 $P_{mw} \leqslant 0.05$ 且 $P_{ab} \leqslant 0.05$，则证明仅发生均值-方差偏移，判别准确，否则证明判别错误。计算判异准确率的具体过程与上述的计算过程相同。

对于服从学生 t 分布以及卡方分布的样本进行计算时，其异常偏移的设置、参数、实验流程、判断标准等都和分析参数分布的相同，无需赘述。

对于三种不同分布及不同偏移的样本，分别计算综合判异法一的判别准确率，其结果见表 9-4~表 9-6。

表 9-4 发生均值偏移时综合判异法一的准确率

τ	δ_m	$N(\delta_m, 1)$	$\frac{t(3)}{\sqrt{3}} + \delta_m$	$\frac{\chi_3^2 - 3}{\sqrt{6}} + \delta_m$
50	0.25	0.79	0.81	0.71
	0.5	0.87	0.91	0.78
	0.75	0.94	0.93	0.89
	1	0.95	0.93	0.96

续表 9-4

τ	δ_m	$N(\delta_m, 1)$	$\frac{t(3)}{\sqrt{3}}+\delta_m$	$\frac{\chi_3^2-3}{\sqrt{6}}+\delta_m$
50	1.5	0.96	0.93	0.97
	2	0.96	0.94	0.97
	3	0.97	0.96	0.96
150	0.25	0.82	0.86	0.72
	0.5	0.92	0.93	0.86
	0.75	0.93	0.92	0.96
	1	0.95	0.91	0.98
	1.5	0.95	0.92	0.97
	2	0.96	0.94	0.96
	3	0.96	0.96	0.96

表 9-5 发生方差偏移时综合判异法一的准确率

τ	δ_s	$N(0, \delta_s)$	$\frac{t(3)}{\sqrt{3}}\delta_s$	$\frac{\chi_3^2-3}{\sqrt{6}}\delta_s$
50	0.25	0.97	0.97	0.93
	0.5	0.93	0.88	0.91
	0.75	0.44	0.36	0.62
	1.25	0.28	0.26	0.33
	1.5	0.42	0.34	0.48
	2	0.6	0.54	0.56
	3	0.63	0.64	0.58
150	0.25	0.9	0.9	0.96
	0.5	0.98	0.98	0.95
	0.75	0.76	0.97	0.86
	1.25	0.36	0.61	0.39
	1.5	0.51	0.32	0.44
	2	0.57	0.56	0.45
	3	0.55	0.6	0.45

表 9-6 发生均值-方差偏移时综合判异法一的准确率

δ_m'	δ_s'	$N(0,\ \delta_s)$	$\frac{t(3)}{\sqrt{3}}\delta_s$	$\frac{\chi_3^2-3}{\sqrt{6}}\delta_s$
0.25	0.25	0.16	0.43	0.51
	0.5	0.3	0.5	0.55
	0.75	0.51	0.52	0.2
	1.25	0.71	0.68	0.74
	1.5	0.61	0.66	0.57
	2	0.5	0.56	0.5
0.5	0.25	0.53	0.19	0.21
	0.5	0.51	0.24	0.38
	0.75	0.4	0.26	0.47
	1.25	0.71	0.64	0.5
	1.5	0.61	0.68	0.68
	2	0.5	0.65	0.49
1	0.25	0.21	0.83	0.34
	0.5	0.29	0.79	0.3
	0.75	0.43	0.77	0.26
	1.25	0.75	0.79	0.35
	1.5	0.78	0.81	0.46
	2	0.7	0.78	0.7
2	0.25	0.97	0.97	0.97
	0.5	0.97	0.97	0.97
	0.75	0.96	0.97	0.96
	1.25	0.91	0.97	0.91
	1.5	0.9	0.95	0.84
	2	0.85	0.91	0.77

通过表 9-4~表 9-6 可知：

（1）随着偏移程度增大，判异的准确率也随之增大。

（2）随着出现异常的时间滞后，判异准确率也随之增大。这是因为越晚出现异常，样本积累越多，样本内的特征数值越充分，促使对于异常类型的判断也更准确。

（3）对于参数分布、学生分布、卡方分布这三种情况，其准确率几乎是相同的，证明综合判异法一的非参数特性是很好的。

（4）仅发生均值偏移时，其准确率较高，很大一部分都在 0.9 以上。

（5）仅发生方差偏移时，若 δ_s 较小，则有较高的准确率；在 $\delta_s=1.25$ 及 $\delta_s=1.5$ 时，准确率较低。导致这种现象的原因是，方差较大的时候，在异常的样本中有更多的极端数据出现，而很容易诊断成为均值偏移。

（6）同时发生均值、方差偏移时，若 $\delta'_m=2$，对于不同 δ'_s 的取值，其判异的准确率都较高，基本上维持在 0.9 以上。而其他的很多情况之下，其判异的准确率表现得也很好，维持于 0.5~0.8 之间。

9.4.4.2 综合判异法二

将 Mann-Whitney 检验法与 Mood 检验法结合，即利用 Mann-Whitney 检验法判断生产过程的均值异常偏移发生与否，利用 Mood 检验法来判断生产过程的方差异常偏移发生与否。综合判异法二被划分为下面三类情况，并分别求解出判异准确率，下面为服从参数分布的实例。

（1）过程中仅有均值偏移发生。由计算机模拟产生样本，且服从 $N(0, 1)\Rightarrow N(\delta_m, 1)$，用 NCCSPC 图实行过程监控。异常出现后，用 Mann-Whitney 检验法与 Mood 检验法分别求解对应的 P 值，若 $P_{mw}\leqslant P_{ab}$ 且 $P_{ab}\geqslant 0.05$，则证明仅发生均值偏移，判别准确，否则证明判别错误。

计算判异准确率的具体过程为：利用蒙特卡洛模拟 10000 次质量的控制过程，并将其中判断正确的个数除以 10000，即判断的正确率。

（2）过程中仅有方差发生偏移。由计算机模拟产生样本，且服从 $N(0, 1)\Rightarrow N(0, \delta_s)$，用 NCCSPC 图实行过程监控。异常出现后，用 Mann-Whitney 检验法与 Mood 检验法分别求解对应的 P 值，若 $P_{ab}\leqslant P_{mw}$ 且 $P_{mw}\geqslant 0.05$，则证明仅发生方差偏移，判别准确，否则证明判别错误。

计算判异准确率的具体过程为：利用蒙特卡洛模拟 10000 次质量的控制过程，并将其中判断正确的个数除以 10000，即判断的正确率。

（3）过程中仅有均值-方差偏移发生。由计算机模拟产生样本，且服从 $N(0, 1)\Rightarrow N(\delta'_m, \delta'_s)$，用 NCCSPC 图实行过程监控。异常出现后，用 Mann-Whitney 检验法与 Mood 检验法分别求解对应的 P 值，若 $P_{mw}\leqslant 0.05$ 且 $P_{ab}\leqslant 0.05$，则证明仅发生均值-方差偏移，判别准确，否则证明判别错误。计算判异准确率的具体过程与上述的计算过程是相同的。

对于服从学生 t 分布以及卡方分布的样本进行计算时，其异常偏移的设置、参数、实验流程、判断标准等都和分析参数分布的相同，无需赘述。

针对三种不同分布及不同偏移的样本，分别计算综合判异法二的判别准确率，其结果见表 9-7~表 9-9。

表 9-7 发生均值偏移时综合判异法二的准确率

τ	δ_m	$N(\delta_m, 1)$	$\frac{t(3)}{\sqrt{3}}+\delta_m$	$\frac{\chi_3^2-3}{\sqrt{6}}+\delta_m$
50	0.25	0.46	0.53	0.5
	0.5	0.65	0.81	0.69
	0.75	0.78	0.84	0.86
	1	0.79	0.8	0.91
	1.5	0.7	0.61	0.89
	2	0.51	0.39	0.78
	3	0.16	0.13	0.33
150	0.25	0.55	0.69	0.58
	0.5	0.74	0.84	0.81
	0.75	0.76	0.82	0.91
	1	0.72	0.75	0.92
	1.5	0.57	0.47	0.87
	2	0.35	0.2	0.71
	3	0.05	0.05	0.12

表 9-8 发生方差偏移时综合判异法二的准确率

τ	δ_s	$N(0, \delta_s)$	$\frac{t(3)}{\sqrt{3}}\delta_s$	$\frac{\chi_3^2-3}{\sqrt{6}}\delta_s$
50	0.25	0.98	0.97	0.93
	0.5	0.95	0.91	0.92
	0.75	0.67	0.63	0.76
	1.25	0.63	0.59	0.67
	1.5	0.71	0.66	0.78
	2	0.83	0.76	0.86
	3	0.88	0.85	0.91
150	0.25	0.99	0.98	0.96
	0.5	0.98	0.97	0.95
	0.75	0.85	0.78	0.9
	1.25	0.7	0.63	0.78
	1.5	0.8	0.73	0.88
	2	0.88	0.82	0.91
	3	0.92	0.89	0.94

表 9-9 发生均值-方差偏移时综合判异法二的准确率

δ'_m	δ'_s	$N(0,\ \delta_s)$	$\frac{t(3)}{\sqrt{3}}\delta_s$	$\frac{\chi_3^2-3}{\sqrt{6}}\delta_s$
0.25	0.25	0.16	0.44	0.59
	0.5	0.31	0.53	0.54
	0.75	0.55	0.48	0.53
	1.25	0.73	0.7	0.75
	1.5	0.63	0.68	0.58
	2	0.52	0.52	0.51
0.5	0.25	0.61	0.26	0.37
	0.5	0.54	0.23	0.4
	0.75	0.43	0.25	0.44
	1.25	0.73	0.58	0.53
	1.5	0.72	0.64	0.7
	2	0.59	0.6	0.5
1	0.25	0.13	0.68	0.18
	0.5	0.25	0.67	0.19
	0.75	0.44	0.68	0.22
	1.25	0.8	0.81	0.37
	1.5	0.82	0.81	0.5
	2	0.73	0.8	0.73
2	0.25	0.98	0.97	0.97
	0.5	0.97	0.97	0.96
	0.75	0.97	0.96	0.94
	1.25	0.95	0.94	0.87
	1.5	0.94	0.92	0.82
	2	0.88	0.89	0.80

通过表 9-7~表 9-9 可知：

（1）伴随着偏移程度的增大，判异的准确率也随之增大。

（2）伴随着异常出现的时间滞后，判异的准确率也随之增大，因为越晚出现异常，样本积累越多，样本内的特征数值越充分，此时对于异常类型的判断也更准确。

（3）对参数分布、学生分布，有相似的并且较高的准确率，而对于卡方分布则有更高的准确率，这证明综合判异法二的非参数特性是很好的。

（4）在方差偏移的判断上其准确率较高，要强于综合判异法一。

（5）在均值偏移的判断上其准确率较低，要劣于综合判异法一，尤其在$\delta_m=3$时，更易将均值偏移判别成方差偏移，则证明综合判异法二对方差偏移有较高的敏感度。

（6）同时发生均值、方差偏移时，与综合判异法一相似，当$\delta'_m=2$时，对于不同的δ'_s的取值，其判异的准确率都较高，基本上维持在0.9以上。而其他的很多情况之下，其判异的准确率表现得也很好，维持于0.5～0.8之间。对于参数分布及卡方分布，其判异准确率，同综合判异法一差别不大，但在服从学生t分布的样本下，其判异的准确率要比综合判异法一稍差。

综上，综合判异法一同综合判异法二相比较，对于均值偏移，其判断的准确率是较高的，对于方差偏移，其判断的准确率是较低的，对于均值-方差偏移，其判断的准确率是略高的，所以整体上，综合判异法一要稍优于综合判异法二。

参 考 文 献

[1] Dong H Z, Liu D X, Zhao Y W, et al. A novel approach of networked manufacturing collaboration: fractal web-based extended enterprise [J]. International Journal of Computer Integrated Manufacturing, 2007, 26 (11-12): 1436-1442.

[2] Ahmed I, Sadiq M J. Information subsystem congestion analysis of a wide area-networked manufacturing system using mobile agents [J]. Journal of Manufacturing Technology Management, 2005, 16 (7): 753-764.

[3] Louis C, Frayret J M, D'Amours S, et al. A commitment-oriented framework for networked manufacturing co-ordination [J] . International Journal of Computer Integrated Manufacturing, 2001, 14 (6): 522-534.

[4] Montreuil B, Frayret J M, D'Amours S. A strategic framework for networked manufacturing [J]. Computers in Industry, 2000 (42): 299-317.

[5] Lee W B, Lau H C W. Multi-Agent modeling of dispersed manufacturing networks [J]. Expert Systems with Applications, 1999, 16 (3): 297-306.

[6] Akkermans H A, Vander H H. Managing IT infrastructure standardization in the networked manufacturing firm [J]. International Journal of Production Economics, 2002, 75 (1): 213-228.

[7] 应文兰，李爱平，徐立云．网络化制造系统动态身份认证的研究与实现 [J]. 中国机械工程，2008，19 (11)：1293-1296.

[8] 孙忠良，吴文武，洪军，等．基于数据包络分析的网络化制造联盟企业制造资源配置评价研究 [J]. 计算机集成制造系统，2008，14 (5)：962-969.

[9] 刘金山，廖文和，郭宇．基于双链遗传算法的网络化制造资源优化配置 [J]. 机械工程学报，2008，44 (2)：189-195.

[10] 苗剑，宋豫川，何彦，等．网络化制造平台动态工作流管理模型研究 [J]. 计算机集成制造系统，2005，11 (3)：336-341.

[11] 范玉顺，张立晴，刘博．网络化制造与制造网络 [J]. 中国机械工程，2004，15 (19)：1733-1738.

[12] 国家发展计划委员会，科学技术部．当前优先发展的高科技产业化重点领域指南 (2001) . http: //www. cas. ac. cn/html/Dir/2001/22/24/5906. html，2001.

[13] 范玉顺．网络化制造的内涵与关键技术问题 [J]. 计算机集成制造系统，2003，9 (7)：576-582.

[14] 王宛山，巩亚东，郁培丽．网络化制造 [M]. 沈阳：东北大学出版社，2003.

[15] 郑小林，陈德人．面向网络化制造的敏捷供应链系统研究 [J]. 计算机集成制造系统-CIMS，2003，9 (8)：698-703.

[16] 严隽琪．数字化与网络化制造 [J]. 工业工程与管理，2000 (1)：7-11.

[17] 肖炜华，张礼萍．中小企业质量控制现状与对策分析 [J]. 北方经济，2007 (12)：68-69.

[18] 何益海，唐晓青．基于关键质量特性的产品保质设计 [J]. 航空学报，2007，28 (6)：

1468-1481.
[19] Shewhart W A. Some applications of statistical methods to the analysis of physical and engineering data [J]. Bell System Technical Journal, 1924, 3 (1): 43-87.
[20] Page E S. Continuous inspection schemes [J]. Biometrika, 1954, 41: 101-115.
[21] Robert S W. Control chart based on geometric moving averages [J]. Technometrics, 1959, 1 (3): 240-250.
[22] Morton K. Two alternatives to the shewhart X control chart [J]. Journal of Quality Technology, 2000, 32 (4): 427-431.
[23] Zhang X, Gary C, Thomas B. Bayesian sample size determination under hypothesis tests [J]. Contemporary Clinical Trials, 2011, 32 (3): 393-398.
[24] Hotelling H. Multivariate quality control-illustrated by the air testing of sample bombsights [J]. Techniques of Statistical Analysis, 1947, 3 (1): 113-184.
[25] Joao T M, Manuela M O. A symptotic linearity and limit distributions and approximations [J]. Journal of Statistical Planning and Inference, 2010, 140 (3): 353-357.
[26] Montgomery D C. Introduction to statistical quality control [M]. New York: John Wiley & Sons, Inc, 1996: 176-189.
[27] Woodall W H, Ncube M M. Multivariate CUSUM quality control procedures [J]. Technometrics, 1985, 27 (2): 285-292.
[28] Xie Y J. A MEWMA chart for a bivariate exponential distribution [J]. Industrial Engineering and Engineering Management, 2009, 12 (6): 424-428.
[29] Yeh Arthur, Lin Dennis. A multivariate exponentially weighted moving average control chart for monitoring process variability [J]. Journal of Applied Statistics, 2003, 30 (5): 507-536.
[30] Fallah Nezhad M S. A new EWMA monitoring design for multivariate quality controlproblem [J]. The International Journal of Advanced Manufacturing Technology, 2012, 62 (5): 751-758.
[31] Ozsan G, Testik M C, Weiss C H. Properties of the exponential EWMA chart with parameter estimation [J]. Quality and Reliability Engineering International, 2010, 26 (6): 555-569.
[32] Miehael B C Khoo, Teh S Y, Zhang W. Monitoring proeess mean and variability with one double EWMA chart [J]. Communications in Statistics-Theory and Methods, 2010, 39 (20): 3678-3694.
[33] Liu Yumin. An improvement for mewma in multivariate process control [J]. Compurter & Industrial Engineering, 1996, 31 (3): 779-781.
[34] Butte V K, Tang L C. Multivariate charting techniques: a review and a line-column approach [J]. Quality and Reliability Engineering International, 2010, 26 (5): 443-451.
[35] Mahmoud M A, Maravelakis P E. The performance of multivariate CUSUM control charts with estimated parameters [J]. Journal of Statistical Computation and Simulation, 2011, 26 (8): 211-225.
[36] Capizzi G, Masarotto G. An adaptire exponentially weighted moving owerage control chart [J].

Technornetrics，2003，45（3）：199-207.
[37] 王高山．先进制造环境中的SPC技术应用研究［D］．济南：山东大学，2001：5-11.
[38] 高清，马玉林，程子建，等．多品种小批量生产质量控制图的研究［J］．哈尔滨工业大学学报，1997，29（1）：53-55.
[39] 李学起，华丽珠．累积误差控制技术在单件小批量生产中的应用［J］．矿山机械，1997，9：47-49.
[40] 张维铭．小批量生产的平均值和标准差控制图［J］．浙江统计，1997，12：14-16.
[41] 赵涛．X-R控制图在多品种小批量生产中的应用［J］．管理工程学报，1998，12（3）：35-40.
[42] 柴振荣．在小批量生产管理系统中面向对象的数据处理［J］．管理科学文摘，1998，11（5）：49-50.
[43] 郑筠，魏法杰．基于单件小批量生产企业的动态随机生产函数［J］．系统工程理论与实践，1999，7（6）：123-127.
[44] 毛宁，陈庆新．基于可制造性设计的小批量产品制造质量控制系统［J］．计算机集成制造系统-CIMS，1999，5（6）：41-46.
[45] 张维铭，施雪忠，楼龙翔．小批量生产的单值多变量控制图［J］．浙江工程学院学报，2000，17（4）：245-249.
[46] 余忠华，吴昭同．面向小批量制造过程的质量控制方法研究［J］．机械工程学报，2001，37（8）：60-64.
[47] 杨旭，马玉林，杨晓慧．基于小批量生产的统计质量控制［J］．计算机集成制造系统-CIMS，2001，7（12）：62-64.
[48] 张文生．小批量生产过程中产品质量控制的研究［J］．系统工程理论与实践，2002，5（3）：24-30.
[49] 王明刚，朱永忠．同时监控过程均值和方差漂移的VSIEWMA平均损失控制图设计［J］．江南大学学报，2014，13（6）：736-742.
[50] 谭广璐，程传玲，王鹏，等．累积和控制图在卷烟材料质量控制中的应用［J］．轻工科技，2015，1：102-104.
[51] Tugba Efendigil，Semih Onut. A decision support system for demand forecasting with artificial neural networks and neuro-fiizzy models：A comparative analysis［J］. Expert Systems with Applications，2009（36）：6697-6707.
[52] Chen F，Ryan J K，Simchi-Levi D. The impact of exponential smoothing forecasts on the bullwhip effect［J］. Naval Research Logistics，2000，47（4）：269-286.
[53] George E P Box，George C Tiao. Bayesian inference in statistical analysis［M］. Addison-Wesley Pub. Co.，1973：545-606.
[54] Halvey，Aold R J. An intelligent sales forecasting system through integration of artificial neural networks and fixzzy neural networks with fuzzy weight elimination［J］. Neural Networks，2002，15（3）：909-925.
[55] Hopfield J. Neural networks and Physical systems with emergent collective computational abilities

[J]. Proceedings of the National Academy of Sciences, 1982, 79 (1): 254-258.

[56] Du T C T, Wolfe P M. Implementation of fuzzy logic systems and neural networks in industry [J]. Computers in Industry, 1997, 32 (9): 261-272.

[57] Gaafar L K, Choueiki M H. A neural network model for solving the lot-sizing problem [J]. Omega, 2000, 28 (4): 175-184.

[58] Shervais S, Shannon T T, Lendaris G. Intelligent supply chain management using adaptive critic learning [J]. IEEE Transactions on Systems, Man, and Cybernetics - Part A: Systems and Humans, 2003, 33 (2): 235-244.

[59] Aburto L, Weber R. Improved supply chain management based on hybrid demand forecasts [J]. Applied Soft Computing, 2007, 7 (5): 136-144.

[60] Markrudakis. The equivalence of support vector machine and neural networks [J]. Neural processing letters, 2002, 65 (5): 97-104.

[61] Hill A C, Ganguly A R, Lemus Q Gupta A. A hybrid model based on dynamic programming, neural networks, and surrogate value for inventory optimization applications [J]. The Journal of the Operational Research Society, 1999, 50 (12): 85-94.

[62] Marquez C, Janis G. Aplication of multi-steps forecasting for restraining the bullwhip effect and improving inventory performance under auto regressive demand [J]. European Journal of Operational Research. 2005, 166 (3): 337-350.

[63] Dutta A, Shekhar P J G, Vaughan J. Neural networks in business: a survey of applications [J]. Expert Systems with Applications, 1999, 17 (5): 51-70.

[64] Nadia H W. Prediction using grinding network model densification and surface quality in grinding of silicon nitride [J]. Int Japan Soc, 2004, 3 (1): 30-40.

[65] Azouzi D L. On-line prediction of surface finish and dimensional deviation in turning using neural network based sensor fusion [J]. International 30 Annual of Machine Tools Manufacturing, 1997, 37 (9): 401-415.

[66] 曾波，孟伟，刘思峰，等. 面向灾害应急物资需求的灰色异构数据预测建模方法 [J]. 中国管理科学，2015，23（8）：84-91.

[67] 周庆元. 基于灰色马尔可夫模型的粮食产量预测方法 [J]. 统计与决策，2012（17）：64-66.

[68] 单今乐，肖依. 混合预测模型 PMA-GM 在网格资源性能预测中的应用 [J]. 计算机应用研究，2006（12）：209-211.

[69] 李响，宗群，童玲. 汽车销售混合预测方法研究 [J]. 天津大学学报（社会科学版），2006，8（3）：175-178.

[70] 严武元，王少梅. PSO-BP 混合预测模型及其在港口集装箱吞吐量预测中的应用 [J]. 武汉理工大学学报，2007，31（3）：525-528.

[71] 胡桥，何正嘉. 一种新的机电设备状态趋势智能混合预测模型 [J]. 机械强度，2005，27（4）：425-431.

[72] 王莎莎，陈安，苏静，等. 组合预测模型在中国 GDP 预测中的应用 [J]. 山东大学学报

（理学版），2009，44（2）：56-59.
[73] 马吉明，徐忠仁，王秉政．基于粒子群优化的灰色神经网络组合预测模型研究［J］. 计算机工程与科学，2012，32（2）：146-149.
[74] 张颖，高倩倩．基于灰色模型和模糊神经网络的综合水质预测模型研究［J］. 环境工程学报，2015，9（2）：537-545.
[75] 贾新章，龚自立．现代工艺水平下工序能力指数 C_{pk} 的计算［J］. 西安电子科技大学学报，2001，28（4）：452-455.
[76] 张维铭．非正态总体的质量控制图［J］. 数学的实践与认识，1982，4：15-26.
[77] 孙小素．过程能力指数研究综述［J］. 山东工商学院学报，2010，24（5）：32-37.
[78] Chan K, Cui H L. Skewness correction $\overline{X}$ and R charts for skewed distributions [J]. Naval Research Logistics, 2003 (50): 555-573.
[79] Bai D S, Choi I S. $\overline{X}$ and R control charts for skewed populations [J]. Journal of Quality Technology, 1995, 27 (2): 120-131.
[80] Box G E P, Cox D R. An analysis of transformations [J]. Journal of the Royal Statistical Society. Series B, 1964, 26 (2): 221-252 .
[81] Johnson N. L. Systems of frequency curves generated by methods of translation [J]. Biomertrika, 1949, 36: 149-176.
[82] Wright P A. A process capability index sensitive to skewness [J]. Journal of Statistical Computation and Simulation, 1995, 52 (2): 195-203.